HISTOIRE ANECDOTIQUE

DES

BARRIÈRES DE PARIS

PAR

ALFRED DELVAU

Avec 10 eaux-fortes par Émile Thérond

PARIS

E. DENTU, ÉDITEUR

LIBRAIRE DE LA SOCIÉTÉ DES GENS DE LETTRES

Palais-Royal, 17 & 19, Galerie d'Orléans

—

1865

TOUS DROITS RÉSERVÉS

HISTOIRE ANECDOTIQUE

DES

BARRIÈRES DE PARIS

DU MÊME AUTEUR :

Les Dessous de Paris, 1 vol. in-18, avec frontispice de Léopold Flameng. Poulet-Malassis, éditeur. *(Epuisé.)*

Hiſtoire anecdotique des Cafés & Cabarets de Paris, 1 vol. in-18, avec dessins & eaux-fortes de Guſtave Courbet, Félicien Rops & Léopold Flameng. E. Dentu, éditeur.

Les Amours buissonnières, 1 vol. in-18. E. Dentu, éditeur.

Les Cythères parisiennes, 1 vol. in-18, avec eaux-fortes de Félicien Rops & d'Émile Thérond. E. Dentu, éditeur.

Françoise, 1 vol. in-32, avec eau-forte d'Émile Thérond. Achille Faure, éditeur.

Le Fumier d'Ennius, 1 vol. in-18, avec frontispice de Léopold Flameng. Achille Faure, éditeur.

Gérard de Nerval, 1 vol. in-32, avec eau-forte de G. Staal. Bachelin-Deflorenne, éditeur.

SOUS PRESSE :

Dictionnaire de la langue verte, 1 fort vol. in-18 sur 2 colonnes. E. Dentu, éditeur.

EN PRÉPARATION :

Les Lions du jour, 1 vol. in-18, avec eaux-fortes de Félicien Rops. E. Dentu, éditeur.

Les Chasses parisiennes, 1 vol. in-18, avec eaux-fortes de Félicien Rops. E. Dentu, éditeur.

A Monsieur L. Havin, *directeur politique du journal* le Siècle.

Monsieur,

Quoique appartenant aujourd'hui au bataillon des tirailleurs irréguliers de la Petite Presse, — qui a brûlé autant de cartouches & sacrifié autant de soldats que sa grande sœur en l'honneur de la liberté de pensée & de l'indépendance de la conscience humaine, — je me souviens que j'ai été enrôlé, il y a quelques années, dans le régiment des journalistes sérieux, & que c'est à votre paternelle bienveillance que je dois de n'avoir pas trouvé trop lourds à porter ma plume de munition & mon sac de tourlourou libéral. J'ai fait mon devoir jusqu'au bout, & je pourrais me considérer comme quitte envers le journal sous lequel j'ai servi, — si ce journal n'était pas représenté par vous. Collaborateur plein de zèle, je crois lui avoir payé ma dette; mais je serai toujours votre débiteur.

C'est pour essayer de m'acquitter un peu envers vous, Monsieur, que je vous prie de vouloir bien accepter la dédicace de ce livre — qui est une œuvre de bonne foi, &, comme tel, digne de vous être offert par votre bien reconnaissant

ALFRED DELVAU.

Tour de Crouy, mars 1865.

COUP D'OEIL RÉTROSPECTIF

SUR PARIS

On conserva — rapporte Mercier dans son *Tableau de Paris*, — on conserva jusqu'au temps de Démétrius de Phalère, c'eſt-à-dire l'espace de neuf cents années, le vaisseau que montait Thésée lorsqu'il délivra les Athéniens du tribut du Minotaure. A mesure que ce vaisseau vieillissait, on remplaçait les pièces pourries par des pièces d'un bois neuf; de sorte que l'on disputa dans la suite si c'était le même vaisseau ou si c'en était un autre.

La ville de Paris ressemble un peu à ce vaisseau de Thésée : on a mis tant de moellons neufs à la place des vieux moellons qu'il ne reſte rien, ou presque rien, de sa première conſtruction.

Il y a eu un grand nombre de Paris depuis dix-huit cents ans, — chacun d'eux avec sa physionomie propre, ses mœurs particulières, ses coſtumes spéciaux, son originalité, son individualité.

Il y a eu d'abord Lutèce, — une île d'une quarantaine d'arpents, laquelle, défendue par Camulogène, fut prise par Labienus, lieutenant de César. Je crois même qu'elle fut un peu brûlée, car César la fit rebâtir & fortifier quelques années après. Le Paris des Druides devint le Paris de Jupiter & de Mercure. Les autels du premier ont disparu ; mais le Dieu Mercure a encore un temple qui réſiſte au temps & aux lois, — bien qu'il n'ait pas été bâti par les Romains.

Il y a eu le Paris de Julien l'Apoſtat, — que représente le Palais des Thermes. La vigne & le figuier pouſſaient en ce temps-là à la place même où depuis ont poussé tant de vilaines maisons. Lutèce devint l'*Urbs Parisiorum*, & comme la Cité n'était pas assez grande pour contenir ses anciens & ses nouveaux habitants, elle s'étala à droite & à gauche, au nord & au midi, dans la plaine & sur la montagne : les bourgs furent !

Après la période gallo-romaine, la période mérovingienne. Après le Paris de Julien, le Paris de Clovis, — dont il nous reſte un échantillon sur la montagne Sainte-Geneviève ; puis le Paris de Childebert, qui a laissé sa trace sur la place Saint-Germain-des-Prés ; puis le Paris de Chilpéric, — qu'attefte l'église Saint-Germain-l'Auxerrois.

On devine bien que les quarante arpents primitifs de la Cité sont déjà loin, puisque des Conciles se donnent la peine de se tenir à Paris & que les rois se donnent la peine d'y demeurer. Les rois & les conciles n'aiment pas, vous le savez, à être gênés : ils prennent de la place, beaucoup de place, ils ont une foule, ils ont un peuple. Les *nautæ parisiaci* du règne de Tibère sont avantageusement remplacés par des moines, des clercs, des marchands, des soldats — & le refte. Le grand & le petit Châtelets sont avantageusement doublés d'églises, d'abbayes & d'écoles.

L'enfant grandit, la jeune fille devient femme : on lui met un corset de pierre. C'eft le Paris d'Hugues Capet, divisé en quatre quartiers.

Nous voici arrivés au Paris de Louis VII, dit le Jeune, — qui a vu naître Notre-Dame, la vieille cathédrale. Les églises continuent à s'élever cà & là. Le quartier de l'Université continue à s'accroître. Les moines & les écoliers arrivent de toutes parts ; il en arrivait tant, à ce qu'il paraît, qu'on fut obligé d'expulser les Juifs — momentanément.

Voici maintenant le Paris de Philippe-Augufte. La jeune fille devenue jeune femme devient une vigoureuse commère : son corset l'étouffe, — elle

le jette à terre & s'en fait conftruire un nouveau.
Si vous êtes défireux de savoir en quelle étoffe,
vous n'avez qu'à vous rendre rue des Grés ou rue
des Foffés-Saint-Victor : il en refte encore quelques morceaux. Les quarante arpents primitifs se
sont changés en sept cent trente-neuf arpents. Il y
a maintenant trois villes à Paris : la Cité, la Ville,
l'Université, — l'Université sur la rive gauche de
la Seine, la Ville sur la rive droite & la Cité au
milieu.

Après le Paris de Philippe-Augufte & ses murailles, vient le Paris de Charles V & sa nouvelle
ceinture de pierre, au nord. Celui-là devient de plus
en plus exubérant comme séve & comme exigence.
Il lui faut maintenant douze cent quatre-vingt-quatre
arpents, qui se divisent en seize quartiers. Nous
sommes en 1367, — c'eft à peu près un arpent par
année. C'eft à peu près aussi vers cette époque
qu'on éprouva le besoin de conftruire la Baftille,
— les deux Châtelets & les autres tours fortifiées
ne suffisant plus, à ce qu'il paraît, à la consomma-
tion des criminels.

Le Paris de Charles VI eft écrit en rouge dans
l'hiftoire : aussi se voit-il mieux que les autres.
Nous sommes là sur les confins du moyen âge, —
mais non sur ceux de la barbarie. La guerre civile
règne à la place du roi, qui est fou, & de la reine,

— qui doit être un peu folle. Les factions s'égorgent, le sang coule à flots : &, avant la guerre civile — pour préparer l'œuvre de destruction — la peste! En 1399, trois mois d'épidémie. En 1407, grandes inondations qui emportent les ponts & ruinent les gens. Le duc d'Orléans est assassiné rue Culture-Sainte-Catherine par Jean-sans-Peur, duc de Bourgogne. En 1413, massacre des Cabochiens. En 1418, massacre de quatre mille Armagnacs, — puis, brochant sur le tout, cent mille personnes enlevées par la peste, en trois mois. Savez-vous qu'il fallait que Paris commençât à être grand, pour s'appauvrir ainsi de cent mille habitants sans en être ruiné? C'était le tiers qui s'en allait ainsi aux cimetières.

Après le Paris de Charles VI & de Charles VII, celui de Louis XI — restitué tout entier, mœurs, langage, costumes & monuments, dans le magnifique livre de Victor Hugo, que nous connaissons tous. Sous le règne précédent, on avait commencé à éclairer les rues; sous celui-ci on commence à les balayer. Il faut du temps pour songer aux choses les plus élémentaires.

Puis viennent :

Le Paris de François Ier & de la Renaissance, — dont les échantillons sont le vieux Louvre & la fontaine des Innocents.

Le Paris de Henri II, — ou plutôt de Catherine de Médicis, — dont les échantillons sont l'Hôtel-de-Ville & les Tuileries.

Le Paris de Charles IX, — dont il nous refte, comme souvenir, la Saint-Barthélemy.

Le Paris de Henri III, qui sert de date au Pont-Neuf. Ce Paris-là occupait une surface de quatorze cent quatorze arpents.

Le Paris de Henri IV, un peu plus grand encore que le précédent, — seize cent soixante arpents. Nous sommes en l'an 1600. Vous voyez que la progression persifte.

Le Paris de Louis XIII, dont les échantillons sont la place Royale, la place Dauphine, le Palais-Royal & le Luxembourg. Ce Paris-là s'agrandit de plus en plus. La nouvelle ceinture de murailles commencait à la Porte de la Conférence, à l'extrémité du jardin des Tuileries, se prolongeait jusqu'à la rue Saint-Honoré, passait à la porte Gaillon, puis à la porte Richelieu, puis à la porte Montmartre, & aboutissait aux anciens murs de clôture, rue Saint-Denis, à la Porte-Saint-Denis.

Le Paris de Louis XIV, — un peu plus sérieux que les précédents, malgré les troubles de la Ligue & de la Fronde. On plante des boulevards, on bâtit la Colonnade du Louvre, on conftruit l'Hôpital général, on élève le Palais des Quatre-Nations, on éclaire les rues de Paris avec des lanternes, — excepté les jours de lune. Les falots d'abord, les lanternes ensuite ; puis viendront les réverbères, puis les becs de gaz : mais les esprits, quand les éclairera-t-on ?

La ville de Louis XIV, « le grand roi, » eft une grande ville. Il y a vingt quartiers populeux. Il y a des hôtels, des théâtres, des promenades. C'eft le rendez-vous de l'Europe. Ce n'eft pas encore le monde, — mais cela ne tardera pas.

Nous sommes en 1728 & au Paris de Louis XV. L'enceinte eft fixée : elle a trois mille neuf cent dix-neuf arpents, — jufte trois mille huit cent soixante-quinze de plus qu'au temps de Camulogène. Sous le règne précédent, on avait planté les boulevards du nord. Sous celui-ci on plante les boulevards du midi. Les villages continuent à devenir faubourgs. On inftitue la petite pofte. On bâtit le Panthéon & la Halle au Blé, l'Hôtel des Monnaies & l'église Saint-Sulpice. Louis XV meurt : Voltaire a régné — & la Pompadour aussi.

Nous touchons au terme de notre course. Louis XVI règne — ou fait semblant de régner; occupé qu'il eft de serrurerie avec l'ouvrier Gamain. M. de Calonne, qui ne fait pas semblant d'être ministre, lui, autorise les Fermiers Généraux à enfermer les faubourgs dans un nouveau mur d'enceinte pour « arrêter les progrès toújours croissants de la contrebande, » — & surtout pour faire payer les droits d'entrée à un plus grand nombre de consommateurs. Les travaux, aussitôt commencés qu'autorisés, sont poussés avec vigueur, malgré les murmures & les épigrammes des Parisiens :

> « Pour augmenter son numéraire
> Et raccourcir notre horizon,
> La Ferme a jugé nécessaire
> De mettre Paris en prison. »

Une prison dont il paya les verrous & les grilles — un peu plus de 25 millions, — & que le successeur de M. de Calonne, M. de Brienne, indigné, fut sur le point de faire démolir, sans respect pour les monuments dont Le Doux, architecte de la Ferme, avait orné les barrières; monuments remarquables — par leur laideur, par leur architecture ampoulée, gauche & pédante que de faux hommes de goût avaient osé comparer aux célèbres propylées de l'Acropole d'Athènes.

Ce que l'archevêque de Toulouse, poussé par son indignation, avait été un instant tenté de faire, le peuple le fit en partie le 14 juillet 1789, brûlant les barrières, démolissant çà & là le mur d'enceinte, mais respectant — sans savoir pourquoi — les affreux monuments de l'architecte Le Doux. Mieux encore, la Convention Nationale, qui cependant n'y allait pas de main morte, & plus timide en ceci que l'Assemblée Conftituante, qui avait aboli les droits d'entrée, — la Convention, par décret du 13 messidor an II, songeait à utiliser les fameuses « propylées, » au lieu de songer à les supprimer, ainsi que les murailles qui emprisonnaient toujours la capitale de la Liberté :

« Les bâtiments nationaux désignés sous le nom de *Barrières de Paris* sont érigés en monuments publics. Les diverses époques de la Révolution & les victoires remportées par les armées de la République sur les tyrans y seront gravées incessamment en caractères de bronze. Le Comité du Salut public eft autorisé à prendre toutes les mesures pour la prompte exécution du présent décret, en invitant les gens de lettres & les artistes à concourir & à former les inscriptions. »

L'idée avait de la noblesse & de la grandeur, — comme la plupart des résolutions de cette Assemblée, la plus mémorable dont fasse mention notre hiftoire; mais elle ne valait pas cette autre idée, plus révolutionnaire, plus radicale, plus logique : la destruction des monuments de l'honnête M. Le Doux & des murs d'enceinte encore debout. Et la preuve que cette idée était bonne, c'eft que, si ces sept lieues de moellons avaient été jetées bas, le Conseil des Anciens, dans sa séance du 27 fructidor an VI, n'aurait pu — à cause des 25 millions qu'il en eût coûté pour les relever — décréter un « Octroi municipal de bienfaisance, » bientôt transormé en octroi pur & simple, aussi excessif, aussi vexatoire que celui qu'avait aboli l'Assemblée Constituante.

Le 1ᵉʳ janvier 1860, les barrières de Paris ont été définitivement supprimées, — plus que supprimées, démolies, — & les limites de la ville reculées jusqu'aux fortifications exécutées, en vertu d'une loi de 1840, sur une étendue d'au moins 36 kilomètres de pourtour.

C'eft de ces barrières démolies que j'ai entrepris d'écrire l'hiftoire, — qui sera un peu celle des quartiers excentriques de Paris, de ses faubourgs & de sa banlieue. Mission délicate, parce que difficile à remplir convenablement, mais que j'ai néanmoins acceptée avec empressement, lorsqu'elle m'a été offerte, parce que c'était une occasion pour moi, enfant du « faubourg Marceau, » de parler de ma ville natale, — une vénérable aïeule qu'on eft en train de transformer en galante commère, & dont je ne peux m'empêcher de regretter les rides, si pittoresques.

Oui, — & ces regrets, quoique vains, sont excusables chez un homme qui a appris l'hiftoire de Paris à l'aide de ses vieux monuments, & qui a déchiffré de bonne heure ses vieilles légendes de pierre, si dramatiques & si pleines d'enseignements de toutes sortes; oui, je regrette le Paris de nos pères que ne remplacera jamais le Paris de nos fils; oui, je regrette ses vieilles maisons pignonnées, surplombantes, moussues, culottées par les pluies & par les fumées, qui étaient le cortége naturel de ses vieilles églises enfouies au milieu d'elles — comme les chênes oraculaires au milieu de la forêt de Dodone. Ces amoncellements de pierres qui cherchent à monter jusqu'à Dieu pour intercéder en faveur des fourmis humaines qui grouillent à leurs pieds; ces pierres de taille superposées, qui ne sont plus aujourd'hui que des monolithes « au sens aboli, » signifiaient alors quelque chose : on ne les regardait pas comme des monuments curieux à visiter, mais bien comme des temples où l'on allait ployer ses genoux & son orgueil.

Je n'admire pas les siècles évanouis pour me dispenser d'admirer le siècle présent, qui sera certainement un grand siècle, le siècle initiateur par excellence, — le portique colossal de l'Humanité future. Mais je ne peux m'empêcher, en fouillant du regard & de la pensée dans les ténèbres des âges disparus, de reconſtruire le Paris de Louis XI, par exemple, &, le comparant avec le Paris de Napoléon III, de le trouver plus poétique, plus merveilleux — & plus caractériftique. On ne mourait pas alors beaucoup plus vite qu'aujourd'hui, — quoi qu'en disent les ftatiftiques et les ftatifticiens, — & il faisait peut-être meilleur, ou tout au moins plus agréable vivre au milieu de ces rues biscornues, de ces quartiers fantaftiques, de ces maisons extravagantes, où tout avait une signification, une originalité, un accent, depuis la borne jusqu'au pignon ; il faisait peut-être meilleur vivre là que dans ces maisons froides, incolores, régulières comme des casernes & triftes comme des prisons, au milieu de ces rues alignées comme des fantassins, tirées au cordeau, tracées ftratégiquement, &, à cause de cela, lamentables dans leur régularité.

On a tué la Fantaisie. Il y a des gens qui s'en applaudissent comme d'un progrès : ce n'est pas moi. La Fantaisie n'a rien d'immoral & d'antisocial, à ce que je crois ; elle était reine autrefois, vous en avez fait une servante qui vous sert mal : tant pis pour vous !

Tant pis pour nous aussi, hélas ! pour nous, rêveurs obstinés, chercheurs affamés d'idéal, prophètes à rebours, qui expliquons le passé au profit de l'avenir ! Tant pis pour nous, qui nous sentons ainsi détrônés & découronnés par les inventeurs de marmites autoclaves & de roatsbeefs de cheval ; pour nous dont la mission eft finie, dont la parole eſt sans écho, & qui sommes forcés de déposer notre poésie au vestiaire! Tant pis!

Mais voilà des regrets bien ridicules, — parce que bien inutiles. J'oublie un peu trop les « splendeurs » du Paris d'aujourd'hui, je regrette un peu trop ma bourbe d'autrefois, comme les carpes de madame de Maintenon, & comme madame de Maintenon elle-même, — cette carpe transvasée d'un plat de terre en un bassin d'argent. Ce siècle a une tout autre mission que les siècles qui l'ont précédé : il faut qu'il la remplisse. « L'Humanité eſt en voyage » : il ne faut pas qu'elle s'arrête. Sauval a comparé l'île de la Cité — le Paris primitif — à un grand navire enfoncé dans la vase & échoué au fil de l'eau vers le milieu de la Seine.

Ce grand navire s'eſt remis à flot. Les ancres sont levées, les voiles tendues, le vent va souffler : en route pour l'Avenir, Léviathan !

LA BARRIÈRE DE PASSY

Nous commencerons par cette barrière, si vous le permettez, non parce qu'elle eſt la première, mais uniquement parce qu'il faut bien commencer par quelqu'une, — si l'on veut finir par les autres.

L'eau-forte de Thérond me dispense d'entrer dans les détails de sa physionomie architectonique ; vous voyez le bâtiment dû à l'imagination de Le Doux : il eſt orné de douze colonnes d'un ordre inconnu à Vignole, &, en outre, de deux arcs & de quatre frontons. Deux ſtatues de taille raisonnable lui tiennent compagnie : l'une, qui eſt chargée de représenter la Normandie, & l'autre qui a pour mission de personnifier la Bretagne. Ce n'eſt pas de la très-belle sculpture, mais c'eſt assez monumental, & à Paris, où le sens artiſtique n'eſt pas précisément un sens commun, « être monumental » suffit. N'en parlons plus.

Ce qui m'intéresse dans cette barrière, c'eſt ce qui m'intéressera dans toutes les autres : les souvenirs qui peuvent s'y rattacher, de près ou de loin, anciens ou récents, politiques ou familiers, graves ou badins.

Et les souvenirs abondent ici.

D'abord, cette barrière s'était appelée *Barrière des Bons-Hommes*, par suite de son voisinage de l'ancien couvent des religieux Minimes de Nigeon, fondé par François de Paule, — un saint homme que Louis XI traitait familièrement de *bonhomme*. Puis elle s'était appelée *Barrière de la Conférence*, — une désignation plus noble, mais tout aussi vague pour les habitants de Paris, dont la mémoire fugace n'a gardé nulle trace de l'assemblée par laquelle Louis XIV s'était ménagé une alliance diplomatique & matrimoniale avec l'Espagne.

Quant au nom de Passy qui était reſté à cette barrière, elle le devait au village qu'elle séparait de Paris, & dont l'étymologie indique la situation : *Passiacum*, c'eſt-à-dire *passus ad aquam*.

La première illuſtration de ce petit village eſt, non pas le roi Charles V, dit le Sage — comme le voudrait mon cher confrère Albéric Second — mais bien plutôt le roi Philippe IV, dit le Bel. Ce deſtructeur des Templiers — de cet Ordre fameux dont il ne nous reste plus rien que l'hémistiche de Raynouard — possédait là un château dont il nous reste encore une tourelle, & où il attendit si longtemps en vain le troubadour provençal, Arnauld de Catelan, que lui envoyait, pour le distraire, Béatrix de Savoie, & qui fut assassiné en traversant le Bois de Boulogne, à l'endroit même où dansent aujourd'hui les petites dames.

Après Philippe le Bel, Charles le Sage. Jusque-là, d'après Albéric Second, — mes réserves sont faites — Passy n'avait été qu'un misérable hameau composé d'une douzaine de bicoques branlantes, exposées de toutes parts à la fureur des ouragans & aux coups de main des tire-laine. Un jour qu'il passait par là, le roi Charles V s'émut au spectacle de ce complet délabrement & de cette profonde misère ; aussi s'empressa-t-il d'accorder, par lettres particulières, à ses amés sujets de Passy, la permission de clore leurs héritages de murs faits à chaux & à sable ; bien plus, il leur concéda le précieux privilège de prendre, d'étrangler & de manger les conils — quadrupèdes plus vulgairement connus sous le nom de lapins — qui leur feraient du dégât. Est-il besoin d'ajouter qu'à dix lieues à la ronde la nouvelle d'une si royale munificence se répandit avec la célérité d'une commotion électrique ? Tous ceux qui aimaient la gibelotte, & le nombre en était grand, transportèrent leurs pénates dans cette heureuse contrée, où l'on avait le droit de vie & de mort sur les conils.

Voilà comment ce misérable hameau devint un

bourg assez peuplé, & ce bourg une seigneurie que possédèrent tour à tour le financier Samuel Bernard, l'hiſtorien Boulainvilliers & le fermier général la Popelinière, — cet autre Samuel Bernard « dont la cheminée à plaque tournante pivotait pour le maréchal de Richelieu. » Puis vinrent successivement demeurer là d'autres grands seigneurs & quelques grandes dames : le duc d'Aumont, le duc de Lauzun, l'amiral d'Eſtaing, la duchesse de Valentinois, etc., etc. Quelques simples grands hommes honorèrent aussi cette bourgade de leur présence, — par exemple Jean-Jacques Rousseau & Benjamin Franklin.

Jean-Jacques, malade d'une ſtrangurie qu'il ne put jamais guérir & qui fut l'incessante cause de ses accès de misanthropie, Jean-Jacques y vint demander la santé aux eaux minérales découvertes dans la propriété du vieil abbé Le Ragois — dont, par parenthèse, la burlesque *Histoire de France* m'a valu tant de coups de patoche lorsque je faisais mes petites classes à l'Inſtitution Courtois. L'auteur de la *Nouvelle Héloïse* ne retrouva pas à Passy sa santé perdue, mais ce qui vaut mieux — pour nous — il y trouva trois airs délicieux de son *Devin de village,* trois airs que beaucoup de compositeurs modernes achèteraient au prix d'une ſtrangurie : *J'ai perdu mon serviteur,* qui eſt celui du premier monologue; *L'amour croît s'il s'inquiète,* qui eſt celui du devin, & *A jamais, Colin, je t'engage,* qui eſt celui du dernier duo.

A Passy vint encore demeurer Jean-Conrad Kocke,

banquier hollandais réfugié en France à la suite des troubles de 1787. Appartenant au parti le plus avancé de la Révolution, — qui avait ses tièdes comme elle avait ses chauds, — il recevait tout naturellement chez lui les hommes qui représentaient le plus audacieusement ce parti : Hébert, Anacharsis Clootz, Momoro, Ronsin, Vincent, Proly & quelques autres, & qui tenaient là des conciliabules compromettants, dénoncés à la tribune de la Convention par Saint-Juſt, & dans son *Vieux Cordelier* par Camille Desmoulins. On se rappelle la fameuse apoſtrophe de son numéro 5, crachée en pleine face d'Hébert : « Toi qui me parles de mes sociétés, crois-tu que j'ignore que tes sociétés, c'eſt une femme Rochechouart, agent des émigrés ; c'eſt le banquier Kocke chez qui, toi & ta Jacqueline, — une moinesse défroquée, — vous passez à la campagne les beaux jours de l'été? Penses-tu que j'ignore que c'eſt avec l'intime de Dumouriez, le banquier hollandais Kocke, que le grand patriote Hébert, après avoir calomnié dans sa feuille les hommes les plus purs de la République, allait, dans sa grande joie, lui & sa Jacqueline, boire le vin de Pitt & porter des toaſts à la ruine des réputations des fondateurs de la liberté? »

Ce banquier hollandais, « ami intime de Dumouriez, » ainsi foudroyé par Camille & ainsi dénoncé par Saint-Juſt, & qui mourut sur l'échafaud, le 4 germinal an II, avec les Hébertiſtes, était le père de notre Paul de Kock, le seul écrivain français — qu'admirât Sa Sainteté Grégoire XVI.

A cette lifte d'habitants célèbres, à des titres différents, il faut coudre une foule d'autres noms de morts & de vivants, — les vivants, plus oubliés que les morts, — artiftes & gens de lettres, philosophes & comédiennes, médecins & généraux, cantatrices & pairs de France : l'abbé Prévoft, André Chénier, la Tour d'Auvergne, Goldoni, Chaftellier, Picard, le comte de Las-Cases, le marquis de Paftoret, le général Moreau, Hoffmann, Piccini, le comte Portalis, Orfila, Alexis Monteil, Droz, l'abbé Raynal, Scipion Pinel, Deyeux, Lepeintre aîné, Benjamin Delessert, Michaud, Raynouard, Brazier, Dumersan, Bouffé, Auriol, Bressant, mademoiselle Contat, madame Mainvielle-Fodor, Rose Chéri, Honoré de Balzac, Jules Janin, Proudhon, Béranger...

> « Paris, adieu! je sors de tes murailles :
> J'ai, dans Passy, trouvé gîte & repos;
> Ton fils t'enlève un droit de funérailles
> Et sa piquette échappe à tes impôts.
> Puissé-je ici vieillir exempt d'orage,
> Et, de l'oubli près de subir le poids,
> Comme l'oiseau dormir dans le feuillage
> Au bruit mourant des échos de ma voix! »

Hélas! la gent poétique n'eft pas aussi *vates* qu'on lui fait l'honneur de le lui dire : Béranger dut quitter Passy pour retourner à Paris, rue d'Enfer, puis rue de Vendôme, où il mourut. Et la rue de Vendôme n'a pas beaucoup de feuillage!

Jules Janin, songeant à son prédécesseur des *Dé-*

bats, Hoffmann, eft venu en avril 1856, rue de la Pompe, se faire conftruire sur les terrains de la *Petite-Muette* un chalet charmant, suisse par les découpures, romain par les mosaïques, où il reçoit avec tant de cordialité ses confrères jeunes & vieux, ses ennemis d'hier & ses admirateurs d'aujourd'hui.

P.-J. Proudhon, lui, eft mort le mois dernier (janvier 1865) dans le voisinage de cet aimable vivant.

Je ne saurais quitter la barrière de Passy sans consacrer quelques lignes de souvenir au hameau d'Auteuil, où elle conduisait — & où il eft si agréable d'être conduit.

Car Auteuil eft un village d'opéra-comique, — gens & maisons, pays & paysans. « Les paysans d'Auteuil vont aux champs en bottes, en paletots & en chapeaux gibus, dit Albéric Second, — à qui je ne crains pas d'emprunter, parce que c'eft un des chroniqueurs les plus riches de ma connaissance; quant aux paysannes, elles sont vêtues comme des modistes de la rue Vivienne. Vous ne trouverez peut-être pas dans tout le village une seule Jeanneton ni un seul Nicolas. Toutes les filles s'y nomment Irma, Evélina, Angèle ou Ernestine, & les hommes Adolphe, Erneft ou Alfred. On m'y a montré un gardeur de dindons qui s'appelle Arthur. » Il n'en pouvait être autrement d'un village qui a eu l'honneur d'abriter, pendant plus ou moins de temps, une pléiade de gens illuftres, — ou tout au moins célèbres : La Fontaine & Molière, Racine & Boileau, Chapelle & Nicolle, Jonsac & Lulli, Brossette & Nantouillet, Baron & Jacques de Tourreil, Charpentier & l'abbé Morellet, Chamfort & Turgot, Boufflers & Cabanis, Houdon & Condorcet, le duc de Montmorency & le prince de Talleyrand, Deftutt de Tracy & le peintre Gérard, Arnal & Gavarni...

Ce n'eft pas à cause de Racine, & encore moins de Boileau — ce Narsès de la littérature française — que je m'arrête complaisamment sur la frontière de ce village d'opéra-comique où, depuis si longtemps, se réfugient les poëtes & les danseuses, les financiers & les bourgeois lettrés : c'eft pour saluer respectueusement d'autres ombres plus chères, celles de Molière & de La Fontaine. Qui n'a entendu parler du fameux souper d'Auteuil ? ce souper auquel assiftaient Molière, La Fontaine, Boileau, Chapelle, Racine, Baron & quelques autres gens de lettres, & qui, après avoir débuté par une gaieté folle, s'était terminé par une tristesse plus folle encore, — tant il eft vrai de dire qu'il n'y a rien au monde de plus mélancolisant que la joie & que, pour n'avoir pas à pleurer, il faut soigneusement se priver de rire...

On n'a jamais su le pourquoi de cette triftesse générale, de ce dégoût subit de la vie, de ce subit enthousiasme pour le fond de la Seine. Ce n'était pas le vin ; à part Boileau, tous montaient assez bien l'ivresse & ne se laissaient jamais désarçonner par elle — que pour aller se reposer sous la table.

— Qu'était-ce donc ? Ah ! voilà ! si on le savait, on ne se donnerait pas la peine de le chercher.

Peut-être que, ce jour-là, entre deux toaſts portés à la gloire, à la poésie, à l'amitié, à l'amour, Molière s'était mis à rêvasser plus que de raison à l'infidèle Armande Béjart, Racine à la fidèle Champmeslé, La Fontaine à madame de la Sablière, Chapelle à son ami Bachaumont, Baron à quelque grande dame trop coquette, & Boileau au cruel coup de bec du coq que l'on sait...

En descendant d'Auteuil vers la Seine, où les compagnons de Molière voulaient aller boire le coup de l'étrier, à l'endroit où l'avenue de Boulainvilliers vient rejoindre le quai de Passy, en face du pont de Grenelle, eſt un petit hameau, une réunion de petits cottages — parmi lesquels celui de Gavarni. C'est le *Point-du-Jour*, — où nous nous sommes tant de fois donné rendez-vous, mes amis & moi, aux beaux jours de notre insouciante jeunesse, pour voir lever l'aurore & manger une friture en compagnie de quelques Cydalises en jupons courts — & à mémoire plus courte encore. Tu t'en souviens, cher Matéo. Mais vous ne vous en souvenez plus, chère infidèle qui avez troqué votre nom de fille — que je n'ai plus le droit de prononcer — contre un nom de dame, & votre adorable maigreur de grisette contre un lourd embonpoint de bourgeoise. Ah ! les bons goujons que nous mangions & que nous étions alors, — hameçonnés par vos jolis yeux !

Le Point-du-Jour n'a pas d'autre hiſtoire que cette hiſtoire intime — qui n'intéresse personne. Son nom seul eſt une anecdote que je veux citer, en l'empruntant à M. A. de Laborde : « Il était trois heures après minuit, le jeu de la reine se ralentissait & n'était plus soutenu que par des paris considérables entre le prince de Dombes, fils du duc du Maine, & le marquis de Coigny. Ce dernier, perdant d'un coup une somme assez forte, s'écria : « Il faut être bâtard pour « avoir un tel bonheur ! » Le prince, se penchant à son oreille sans discontinuer son jeu, lui dit : « Vous « pensez bien que nous allons nous voir tout à « l'heure, n'eſt-ce pas ? — Où & quand ? — Mais sur « la route, au point du jour. » Les voitures partent... le jour paraît... On s'arrête... Le prince de Dombes eſt heureux à ce jeu comme à l'autre ; il tue son adversaire, & le lieu où se passa cette scène en a conservé le nom de *Point-du-Jour*. »

J'aurai dit tout ce qui concerne la barrière de Passy, en rappelant que ce fut par elle que Paris vomit sur Versailles sa « grande populace » le 5 octobre 1789. Ce dut être un spectacle étrange & saisissant que celui de cette tumultueuse procession de femmes en guenilles, conduites par un homme noir, pâle & siniſtre, l'huissier Stanislas Maillard, & suivies d'une longue file de charrettes & de canons auxquels s'étaient attelés des hommes en guenilles comme elles ! Le bruit de cette armée de la faim, aux pas haletants, aux clameurs convulsives comme des sanglots, — vagues humaines déferlant sur la route avec la furie d'une tempête, — ce bruit dut s'entendre au loin & faire réfléchir les imprudents qui, deux jours auparavant, dans la salle de l'Orangerie, avaient foulé à leurs pieds la cocarde tricolore & porté des toafts injurieux à l'Assemblée nationale & aux Parisiens.

Non moins étrange & saisissante dut être, le lendemain 6 octobre, la rentrée dans Paris, par cette même barrière de Passy, du roi Louis XVI, de la reine Marie-Antoinette & du Dauphin, — c'eft-à-dire, pour parler le langage du temps, « du boulanger, de la boulangère & du petit mitron, » — escortés de leur peuple, de ce bon peuple parisien, si mobile en ses impressions, qui hurlait maintenant de joie comme il avait hurlé de colère la veille, quoique toujours aussi affamé. Il eft vrai que maintenant il avait son illuftre otage entre les mains...

LA BARRIÈRE FRANKLIN

Elle venait immédiatement après la barrière de Passy, — en remontant vers Chaillot. Elle était tranquille & modeſte comme le patriote américain dont elle avait l'honneur de porter le nom.

Benjamin Franklin, l'un des fondateurs de la liberté américaine, était né à Boſton le 17 janvier 1706 : il mourut à Philadelphie le 17 avril 1790. Une vie bien remplie, comme vous voyez ; une longue carrière passée au service de la science & de l'humanité. Il était venu à Paris en 1777, pour solliciter le concours de la France dans l'œuvre d'émancipation entreprise par lui, & s'était logé à Passy, au n° 40 de la rue Basse, dans l'hôtel du duc d'Aumont, qui avait été si souvent témoin des scandaleuses orgies de la duchesse de Valentinois, & qu'il avait pour ainsi dire purifié par sa présence. Le paratonnerre de cet hôtel, le premier érigé en France, témoigna longtemps de son passage & de ses expériences.

Vous l'imaginez-vous, cet auftère puritain, avec ses longs cheveux blancs, ses lunettes, sa physionomie bienveillante, son habit brun, ses gros souliers & son bâton de pommier, au milieu de cette cour frivole, parmi cette populace dorée & corrompue que la Révolution allait balayer de son souffle puissant? On se pressait sur ses pas pour le voir de plus près, ce sauvage, ce Huron, cet Iroquois, qui avait pris son rôle d'homme au sérieux & avait donné à sa vie le plus noble emploi : la poursuite de ce rêve des grandes âmes, — l'émancipation de l'humanité! Pendant quelques semaines il fut le lion de Paris, — où l'on se passionne pour si peu de chose. Puis, la curiosité une fois satisfaite sur son compte, l'enthousiasme refroidi à son endroit, on l'avait laissé aller, ce grand homme de bien dont Turgot avait pu dire si juftement : *Eripuit cœlo fulmen, sceptrumque tyrannis,* — Prométhée & Aristogiton réunis!

La France frivole l'avait oublié : la France républicaine se ressouvint de lui, &, quand la nouvelle de sa mort arriva à Paris, l'Assemblée conftituante, sur la proposition de Mirabeau, & par décret solennel, ordonna un deuil général. Ce jour-là, la douce & grande figure de Benjamin Franklin rayonna au milieu des illuftrations du Panthéon français.

En suivant la rue Franklin & la grande rue de Passy, on arrive au *Château de la Muette*, — un château hiftorique, quoiqu'il n'en ait pas trop l'air.

A l'origine, ce fut un simple rendez-vous de chasse de S. M. Charles IX, habile tireur, — comme le prouve la Saint-Barthélemy. Plus tard, sous le régent Philippe d'Orléans, qui l'embellit & le donna à sa fille, la duchesse de Berry, ce fut un rendez-vous d'amours, — cette princesse ayant sur la vie l'opinion qu'indiquait clairement sa devise : *Courte et bonne*. Les lecteurs friands de scandales n'ont qu'à consulter sur elle les Mémoires du temps : ils en apprendront de belles sur cette belle. Louis XV, qui avait sur la vie les mêmes idées que la duchesse de Berry, lui succéda comme propriétaire & comme habitant du château de la Muette qui, rebâti en partie par lui, devint — le *Parc-aux-Cerfs*. Le Parc-aux-Cerfs ! une Capoue où le monarque venait se reposer de ses orgies dans de nouvelles débauches, & oublier, sous le nom de baron de Gonesse, les devoirs qu'il avait à remplir sous celui de Louis XV.

C'eft là qu'il ne craignit pas de recevoir Marie-Antoinette, qui venait en France pour se marier avec le dauphin ; c'eft là qu'il ne craignit pas de la faire souper avec sa concubine Du Barry ; c'eft là qu'il ne craignit pas de lui accorder l'hospitalité, à cette noble étrangère dont la fierté naturelle & l'orgueil de cafte durent alors se révolter — en silence. Sous quels lamentables auspices elle voyait le pays sur lequel elle était appelée à régner ! Ah ! si elle n'eût consulté que son cœur, comme elle eût volontiers rebroussé chemin,

& volontiers brûlé la politesse à son royal fiancé ! Mais le cœur, eft-ce qu'il a quelque chose à voir dans les affaires d'État ? Le cœur !

A la mort de Louis XV, son successeur vint au château de la Muette, d'où il data son acte de renonciation au droit de joyeux avénement, & où il prit l'habitude de passer chaque année quelques semaines.

C'eft devant lui & la reine que, le 21 octobre 1783, eut lieu la première ascension aéroftatique, celle qu'entreprit Pilâtre du Rozier, — non pas en compagnie du marquis d'Arlandes, comme on l'a imprimé tant de fois par erreur, mais bien tout seul, dans un ballon perdu.

C'eft dans les jardins de la Muette que, le 14 juillet 1790, jour de la Fédération, la ville de Paris donna un banquet de quinze mille couverts aux députés de toutes les communes de France & de tous les corps de l'armée, — une fête splendide, qui dut effaroucher les petits amours libertins qui depuis si longtemps étaient les hôtes ordinaires de ces myftérieuses charmilles, de ces allées ombreuses où avaient retenti tant de baisers, tant de soupirs, tant de serments, tant de tendres paroles. L'heure des madrigaux était passée : celle des prosopopées de tribune avait sonné.

Château royal, la Muette devait avoir le sort de tous les châteaux royaux. Une partie de ce galant domaine fut vendue comme bien national ; l'autre partie, restée propriété de l'État, fut aliénée en 1803. Sébastien Erard, le facteur de pianos, en devint le premier propriétaire. Après sa mort, le pavillon de la Muette fut loué à un médecin, le docteur Guérin, qui y fonda un établissement orthopédique; loué seulement, non vendu, madame Erard tenant à conserver cet héritage, malgré les frais énormes que son entretien nécessite. C'eſt elle qui l'habite aujourd'hui.

En face de la Muette se trouvait le *Ranelagh*, — le Parc-aux-Cerfs de la lionnerie moderne.

LA BARRIÈRE SAINTE-MARIE.

De celle-ci je n'aurai pas grand'chose à dire, — sinon qu'elle était située à l'extrémité de la rue de Lubeck & ornée de deux bâtiments avec façade & cintre; si solitaire, en outre, qu'on l'avait fermée depuis longtemps.

Son nom, elle le devait à son voisinage d'un couvent, celui de la *Visitation de Sainte-Marie*, fondé en 1652 par la veuve de Charles Ier, Madame Henriette de France, dans une vaste maison bâtie par Catherine de Médicis & qui avait appartenu au maréchal de Bassompierre. C'est là que, le 16 novembre 1669, en présence d'une noble assemblée, Bossuet prononça l'oraison funèbre dont tant de gens ne connaissent que le commencement — aussi fameux que le *Quousque tandem* de Cicéron, dont les mêmes gens ignorent le milieu & la fin. C'est là, parmi les brebis du Seigneur, que vint se réfugier mademoiselle de la Vallière, cette brebis galante qui fuyait pour la seconde fois son royal amant, — mademoiselle de la Vallière, dont madame de Sévigné a dit avec un peu d'ironie, me semble-t-il : « C'était une petite violette qui se cachait sous l'herbe, & qui était honteuse d'être maîtresse, d'être mère, d'être duchesse ; jamais il n'y en aura sur ce moule. » Adorable & suave violette, que cette chère amoureuse ! Elle savait aimer, mais pas autre chose ; & quand le roi lui reprit son cœur pour le donner à madame de Montespan, — une femme qui savait faire croire à l'amour qu'elle ne ressentait peut-être pas, — elle ne murmura pas ; elle se replia sur elle-même, dévora ses larmes & expia dans l'austérité & la pratique rigoureuse de ses devoirs religieux les quelques années de bonheur profane dont elle avait joui. S'enterrer ainsi vivante, à trente ans ! n'était-ce pas un crime ? Il eſt vrai que, lorsqu'on a eu l'honneur d'être aimée par un roi, il n'y a plus que Dieu qu'on puisse aimer.

Il faut lire dans madame de Sévigné le récit de la prise d'habits de mademoiselle de la Vallière, le 3 juin 1675, au couvent de la Visitation de Chaillot : « Elle fit cette action, cette belle & courageuse personne, comme toutes les autres de sa vie, d'une manière noble & charmante ; elle était d'une beauté qui surprit tout le monde. Mais ce qui vous étonnera, c'eſt que le sermon de M. de Condom ne fut pas aussi divin qu'on l'espérait. » Sans doute : madame de Montespan en aurait voulu à Bossuet de dépenser son éloquence en l'honneur de sa rivale, — quoique celle-ci ne fût plus à redouter désormais, puisqu'elle n'était plus que la sœur Louise de la Miséricorde...

Sur l'emplacement du couvent de la Visitation, supprimé & vendu en 1790, devaient s'élever un superbe palais deftiné au Roi de Rome par Napoléon, & un non moins superbe monument dédié à l'armée espagnole par Louis XVIII, — deux palais de cartes, deux rêves! Le nom du dernier (*le Trocadéro*) eft refté jusqu'à présent à cette éminence qui fait face au Champs de Mars, & d'où le regard plane sur les « coteaux modérés » de Saint-Cloud & de Meudon.

Presque au pied de cet amphithéâtre de verdure, où pendent des grappes de curieux les jours de grande revue ou de fête nationale, eft une maison où Georges Cadoudal se tint caché pendant sept mois, épiant l'heure favorable à l'explosion de ses projets. Pendant sept mois ce fier Breton — qui ne haïssait le Premier Consul que parce qu'il aimait trop ses princes légitimes — alla résolûment chaque jour, malgré les yeux vigilants de la police, dans les faubourgs, dans les quartiers populeux, tâter le pouls à l'opinion, sonder les consciences, interroger les esprits. Vingt fois l'occasion lui avait paru bonne, & toujours il avait été obligé de la laisser échapper pour plaire à ses complices, Pichegru, Moreau & le comte Armand de Polignac. C'eft en revenant de l'une de ces incursions qu'il fut arrêté, le 9 mars 1804. Ce n'était qu'un chouan, — un soldat de buisson : au lieu d'être fusillé, il fut exécuté le 25 juin suivant. Quant à ses complices, on connaît leur fin : Pichegru étranglé dans sa prison, — le général Moreau tué en combattant contre la France.

Un souvenir se rattache encore au voisinage du Trocadéro, — mais celui-là eſt plus folâtre.

Au n° 24 du quai, à côté des bâtiments de la Manutention militaire, était encore il y a un an (aujourd'hui il n'y a plus rien qu'un arbre, un vieux cèdre) une petite propriété bourgeoise, qui vous avait des airs dix-huitième siècle en diable : c'eſt là, en effet, qu'a demeuré cette spirituelle coquine qui s'appelait Sophie Arnould, & qui balançait, dans l'esprit des riches libertins, la réputation de la Guimard, une fille d'Opéra comme elle, — dont elle disait, faisant allusion à sa maigreur & à sa liaison avec monseigneur de Jarente, évêque d'Orléans : « Je ne conçois pas comment ce petit ver à soie eſt si maigre, il vit sur une si bonne feuille, » — la feuille des bénéfices. Une méchanceté qu'elle aurait aussi bien pu s'adresser à elle-même, Sophie Arnould, car elle n'était guère plus grasse que sa rivale, & M. de Lauraguais valait l'évêque d'Orléans!

Quand on songe que ce galant hôtel de la galante cantatrice a servi pendant longtemps de pensionnat à des demoiselles! Heureusement, les murs n'ont que des oreilles & pas de bouche.

LA BARRIÈRE D'IÉNA

Si je n'ai pas trouvé grand'chose à dire de la barrière Sainte-Marie, je trouverai moins encore à propos de la barrière d'Iéna, — sinon qu'on avait éprouvé le besoin de l'ouvrir en 1845, après avoir éprouvé le besoin de fermer sa voisine, & que les deux petits pavillons de M. Jay n'étaient pas d'une architecture plus heureuse que les grosses bâtisses de M. Le Doux.

Elle était située juste en face du pont construit sous l'Empire en commémoration de la bataille gagnée par les Français sur les Prussiens, le 14 octobre 1806.

« Heureux les peuples qui n'ont pas d'histoire! » a-t-on dit. Les peuples, oui; mais non les barrières; car que deviendrais-je, moi leur historien, si toutes étaient aussi muettes que celle-ci? Et que deviendraient les lecteurs qui aiment les *histoires*, — celles qui sont arrivées & celles qui n'arriveront jamais, — celles qui sont écrites par M. Thiers et celles qui sont inventées par Alexandre Dumas?...

LA BARRIÈRE DE LONGCHAMP

Elle était située à l'extrémité de la rue du même nom, à l'endroit même où viennent aboutir aujourd'hui l'avenue de Saint-Denis & le boulevard de Passy. Sa décoration se composait d'un bâtiment à quatre frontons & à quatre arcades, dans le ſtyle que vous connaissez. Son appellation, elle la devait à l'Abbaye célèbre vers laquelle on se dirigeait en la traversant, & dont il ne reſte plus rien aujourd'hui, que deux ou trois moellons — & une tradition respeĉtée des tailleurs & des gandins.

Cette abbaye avait été fondée en 1256 par Isabelle de France, sœur de saint Louis, dans cette longue plaine — *longus campus* — qui s'étend entre la Seine & le Bois de Boulogne, & sert aujourd'hui de champ de courses « pour l'amélioration de la race chevaline. » Madame Isabelle avait le choix entre un hôpital & un couvent, — son royal frère lui ayant octroyé trente mille livres parisisis, « pour assurer son salut par quelque pieuse fondation » : sur le conseil d'Hémeric, chancelier de Notre-Dame, elle s'était prononcée pour un monaftère, qui avait aussitôt reçu le nom de *Couvent de l'Humilité de Notre-Dame*, & où étaient entrées des nonnes de Sainte-Claire, &, après celles-ci, obscures, d'autres nonnes, illuftres, Marguerite & Jeanne de Brabant, Blanche de France, Jeanne de Navarre & une douzaine d'autres princesses.

Un couvent qui avait l'honneur d'avoir de pareilles religieuses ne pouvait manquer d'avoir des visiteurs dignes d'elles; aussi, après saint Louis, qui y venait souvent & grâce à qui se maintenait la ftricte obfervance de la règle de Sainte-Claire, vinrent quelques-uns de ses successeurs, — entre autres Philippe V, qui y mourut de la dyssenterie, malgré le bras de saint Simon apporté comme remède par les moines de Saint-Denis.

Protégée par les rois & par les papes, l'abbaye de Longchamp ne devait pas échapper, cependant, à la loi commune à ces sortes d'établissements. Saint Louis s'y rendait dans un but pieux, son petit-fils Henri IV s'y rendit dans un but diamétralement opposé; le premier y avait apporté l'ordre, le second y apporta le désordre — en enlevant une jeune brebis de ce saint troupeau, Catherine de Verdun, dont le frère ne tarda pas à devenir premier président au Parlement de Paris. Les conséquences de cet enlèvement, saint

Vincent de Paul les écrivait au cardinal Mazarin quarante-deux ans après la mort de Henri IV : « Il eſt certain que ce monaſtère (Longchamp) a marché vers la ruine totale de la discipline & la dépravation des mœurs. Ses parloirs sont ouverts aux premiers venus, même aux jeunes gens sans patentes. Les frères recteurs aggravent le mal ; les religieuses portent des vêtements immodeſtes, des montres d'or. Lorsque la guerre les força à se réfugier dans la ville, la plupart se livrèrent à toute espèce de scandale, en se rendant seules & en secret chez ceux qu'elles désiraient voir. »

Qu'aurait dit l'*Intendant de la Providence* s'il avait vu, comme au siècle suivant, Paris entier courir à Longchamp pendant la Semaine Sainte pour y applaudir les nonnes formées au chant par une des leurs, la demoiselle Le Maure, — une cantatrice repentie ? Qu'aurait-il pensé, le saint homme de bien, en voyant les ouailles du Seigneur pour ainsi dire confondues, dans une déplorable promiscuité, avec les « lions dévorants » de l'Ange du Mal, — les choriſtes de l'Opéra ?

Chriſtophe de Beaumont, archevêque de Paris, pour couper le scandale dans sa racine, fit fermer Longchamp aux profanes, — qui n'en interrompirent pas pour cela leur pèlerinage annuel. Songez donc ! La Semaine Sainte de l'Église catholique est aussi la semaine sainte de la Nature, — avec cette différence que l'une est un deuil & l'autre une joie ; l'une la mort & l'autre la résurreƈtion : pourquoi ne pas profiter des premiers rayons de soleil & des premiers parfums de printemps? On avait pris l'habitude d'aller entendre chanter *Ténèbres* par les pieuses élèves de la demoiselle Le Maure : on conserva cette habitude, — quoiqu'elle ne fût plus motivée ; &, chaque année, les plus belles d'entre les belles, les plus élégants d'entre les élégants, s'en allèrent à la queue leu leu, en voiture, le long des Champs-Élysées & du bois de Boulogne, jusqu'à l'abbaye de Longchamp, suivis par une foule compacte de curieux de Panurge, à pied. Cela devait faire une pittoresque cohue, toutes ces classes de la société parisienne en procession entre deux rangées de soldats du guet : danseuses & bourgeoises, grands seigneurs & manants, duchesses & grisettes, journalistes & laquais, — les unes en carrosse & les autres en vinaigrette, ceux-ci en calèche, & ceux-là en fiacre. Une pittoresque cohue, en vérité !

La Révolution interrompit un moment ces promenades des mercredi, jeudi & vendredi de la Semaine Sainte. Mais nous ne sommes par pour rien un peuple frivole & héroïque : le sang de nos places publiques à peine lavé, nos morts les plus chers à peine enterrés, nos angoisses les plus terribles à peine calmées, nous nous secouons un peu & nous voilà partis du pied gauche ! La procession annuelle de Longchamp reprit donc sa vogue, ou plutôt sa fureur ; pendant que les vaillants fils du peuple tombaient glorieusement sur les champs de bataille de l'Italie, à Rivoli, à Mantoue, à Ancône, à Trieste, la *Jeunesse dorée* faisait la roue, depuis la place Louis XV jusqu'à Bagatelle.

Seulement, comme on était en plein Directoire & que la République existait encore, — dans les mots, non dans les choses, — au lieu de *mademoiselle* Guimard, ou de mademoiselle Duthé, ou de mademoiselle Cléophile, c'étaient les *citoyennes* Récamier, Tallien, Lange, Lanxade, qui avaient maintenant les honneurs de cette procession.

Le peuple sifflait quelquefois ces merveilleux & ces merveilleuses, ces libertines & ces roués, ces drôles & ces drôlesses, — & il paraît qu'il avait tort, au dire du rédacteur du *Miroir* du 26 germinal an V : « Le peuple commence à voir que ces opulentes niaiseries lui sont de la plus grande utilité. On ne peut compter le nombre des couturières, des marchandes de modes, que nos jolies promeneuses ont fait travailler pour fixer les regards pendant cette fête, qui en elle-même ne ressemble à rien. Pendant que les amours s'occupent de leur parure, les forgerons, les charpentiers, les selliers travaillent sans cesse à confectionner, à équiper les chars & les chevaux qui doivent traîner cette foule élégante & badine. Gloire à Longchamp ! »

Pardon, citoyen ; mais, dans cette énumération des gens que le vice & la bêtise font vivre, vous avez oublié les proxénètes & les laquais. Maintenant, gloire à Longchamp, si vous voulez ! Je partage sur cette Foire aux Vanités l'opinion de Luce de Lancival, un poëte qui aurait pu avoir du talent comme satirique, s'il n'avait eu la malencontreuse idée de courtiser « Melpomène, » — qui ne le paya pas de retour :

3.

« Célèbre qui voudra les plaisirs de Longchamps,
Pour moi je choisis mieux le sujet de mes chants,
Mon pinceau se refuse à la caricature.
J'abandonne à Callot la grotesque figure
Du dédaigneux Mondor, brillant fils du hasard,
 Pompeusement assis au même char
Dont naguère il ouvrait & fermait la portière.
Ce fat, tout rayonnant de son luxe éphémère,
Et qui, pour trois louis, s'eſtime trop heureux
De louer un coursier qui sera vendu deux ;
Et nos Vénus, sortant de l'écume de l'onde,
Qui prennent le grand ton pour le ton du grand monde
Et pensent anoblir leurs vulgaires appas
En affichant le prix que les paye un Midas.
Ce qui déplaît à voir n'eſt point aimable à peindre,
Et Longchamps me déplaît, à parler sans rien feindre.
Tout Paris à Longchamps vole : qu'y trouve-t-on ?
Maint badaud à cheval, en fiacre, en phaéton,
Maint piéton vomissant mainte injure grossière,
Beaucoup de bruit, d'ennui, de rhume & de poussière. »

Malgré Luce de Lancival, la promenade de l'abbaye de Longchamp, démolie avec tant d'autres du premier coup de pioche de la Révolution, cette promenade a continué sans interruption jusqu'à nos jours, — même lorsque les Cosaques campaient aux Champs-Élysées. Qu'importe la patrie violée à ces beaux fils & à ces belles gaupes qui ont soif d'affirmer publiquement, les uns leurs ridicules & les autres leurs vices, celles-ci leur coquetterie & ceux-là leur bêtise ? Le patriotisme avait été à la mode pendant quelques années ; mais, en 1814 & en 1815, cela n'était plus bien porté — excepté par le peuple : pourquoi ces aimables fainéants-là se seraient-ils embarrassés de la présence des Cosaques? Au contraire, il s'agissait de faire accueil à ces mangeurs de chandelles, & les petites dames du temps n'y manquèrent pas, — ainsi que le conftatent ces vers d'Augufte Barbier, qui marquent d'infamie pour l'éternité les Parisiennes de ces deux néfaftes époques :

> « J'ai vu, jeunes Français, ignobles libertines
> Vos mères, belles d'impudeur,
> Aux baisers du Cosaque étaler leurs poitrines
> Et s'enivrer de son odeur!... »

La promenade traditionnelle de Longchamp continue donc; mais elle a perdu de son ancienne splendeur. On y voit encore des drôlesses, parce que ces sortes de femmes saisissent avec empressement toutes les occasions de s'exhiber, — afin d'avoir des prétextes pour se faire suivre ; on y voit également des gandins, — les mâles naturels de ces femelles ; mais on y voit surtout des marchands de vulnéraire & de poudre insecticide, ingénieux induftriels qui profitent, eux aussi, de ces occasions de réclames gratuites en faveur de leur marchandise, — & un certain nombre de tailleurs & de couturières qui viennent « étudier les modes nouvelles. »

Quand démodera-t-on la Mode?

LA BARRIÈRE DES RÉSERVOIRS

Pas plus que les deux précédentes, elle n'offrait rien de remarquable : un petit bâtiment composé de quatre frontons surmontés d'un tambour, — voilà tout. Elle était si peu intéressante & il y passait si peu de monde, qu'on avait même fini par la condamner & qu'elle n'exiftait plus depuis longtemps que de nom lors de la grande suppression du 1ᵉʳ janvier 1860.

Ce nom, elle le devait à sa proximité des bassins qui servaient — & servent encore — de réservoirs à la pompe à feu établie en 1778 sur le quai de Billy, par les frères Périer, pour élever l'eau de la Seine & la diftribuer dans Paris. Ces bassins, conftruits sur les hauteurs de Chaillot, à la jonction des rues du Chemin-de-Versailles & Pauquet-de-Villejuft, à trente-cinq mètres environ au-dessus de l'étiage du fleuve, sont

une ressource précieuse pour la capitale, qui con
somme autant d'eau pour sa toilette que pour sa santé.
Aussi la pompe à feu du quai de Billy eſt toujours en
travail : chaque coup de piſton de ses machines élève
douze cents litres d'eau qui, des réservoirs de Chaillot,
se diſtribuent dans Paris par quatre conduites, dont
trois alimentent la rive droite & une la rive gauche.

Ressource précieuse, sans doute, — mais qui n'a pas
empêché des bâtiments voisins, ceux de la Manutention des vivres militaires, d'être dévorés par les flammes
dans la nuit du 18 novembre 1855 ; un terrible
incendie, dont les Parisiens se souviendraient longtemps — s'ils n'avaient pas la mémoire si courte.

LA BARRIÈRE DE L'ÉTOILE

Je ne veux pas parler des deux bâtiments de Le Doux, ornés chacun dans leur pourtour de vingt colonnes, qui la décoraient — si imparfaitement — & qu'on a sagement fait de démolir : j'aime mieux m'entretenir avec vous de l'Arc de Triomphe colossal qui en eſt le véritable ornement, & auquel Victor Hugo a consacré des vers qu'on dirait sculptés par Phidias :

« Toi dont la courbe au loin, par le couchant dorée,
S'emplit d'azur céleſte, arche démesurée ;
Toi qui lèves si haut ton front large & serein,

Fait pour changer sous lui la campagne en abîme,
Et pour servir de base à quelque aigle sublime
Qui viendra s'y poser & qui sera d'airain!

O vaſte entassement ciselé par l'hiſtoire!
Monceau de pierre assis sur un monceau de gloire!
Édifice inouï!
Toi que l'homme par qui notre siècle commence,
De loin, dans les rayons de l'avenir immense,
Voyait, tout ébloui! »

Il a coûté dix millions, mais il ne faut pas les regretter : c'eſt une page d'hiſtoire contemporaine, glorieuse entre toutes, imprimée en pierres qui auront la pérennité de l'airain & raconteront aux siècles futurs émerveillés la grande épopée républicaine-impériale, plus digne de mémoire que l'*Iliade* du vieil Homère. Dix millions! un peu plus de la moitié de ce qu'avaient coûté en hommes les batailles de Jemmapes & de Valmy, de Montenotte & de Lodi, d'Arcole & de Rivoli, des Pyramides & d'Aboukir, d'Héliopolis & de Marengo, de Gênes & de Hohenlinden, d'Ulm & d'Auſterlitz, d'Iéna & d'Auerſtaedt, d'Essling & de Wagram, de Lutzen & de la Moskowa, de Dresde & de Leipzig, de Hanau & de Montmirail, de Waterloo & de Ligny. Non, je ne regrette pas les millions dépensés : je regrette seulement les hommes tués — si inutilement — & ce n'eſt qu'en frissonnant, comme Voltaire le 24 août de chaque année, que je passe sous cet arc de triomphe, frère jumeau de la colonne Vendôme

« Que jamais sans pâlir ne regardent les mères! »

Cela vient sans doute de l'horreur que j'éprouve pour ces grandes hécatombes humaines, — faites sans aucun profit pour l'Humanité, pour la Liberté, pour le Progrès. L'arc de triomphe de Titus, passe encore — quoique érigé à l'occasion d'une bataille, la prise de Jérusalem, — parce que très-précieux pour l'histoire de l'art. L'arc de triomphe de Rimini aussi, — parce que le plus ancien des arcs élevés par les Romains. L'arc de triomphe de Conſtantin aussi. L'arc de triomphe de Gallien aussi. L'arc de triomphe de Septime-Sévère aussi. Mais celui-là, l'Arc de Triomphe de la barrière de l'Étoile, il évoque pour moi, chaque fois que je le contemple, le spectacle d'héroïques boucheries — qui, pour être héroïques, n'en sont pas moins des boucheries; & à cause de cela, par moments, 'appelle sur lui le jour expiatoire prophétisé par le poëte des *Voix intérieures,* qui, complétant la pensée d'Isnard, s'écrie dans un superbe mouvement d'esprit :

« A ta beauté royale il manque quelque chose.
Les siècles vont venir pour ton apothéose,
   Qui te l'apporteront.
  manque sur ta tête un sombre amas d'années
Qui pendent pêle-mêle & toutes ruinées
   Aux brèches de ton front!

l te manque la ride & l'antiquité fière,
Le passé, pyramide où tout siècle a sa pierre,
Les chapiteaux brisés, l'herbe sur les vieux fûts;
Il manque sous ta voûte où notre orgueil s'élance
Ce bruit myſtérieux qui se mêle au silence,
  Le sourd chuchotement des souvenirs confus!

La vieillesse couronne & la ruine achève.
Il faut à l'édifice un passé dont on rêve,
  Deuil, triomphe ou remords.
Nous voulons, en foulant son enceinte pavée,
Sentir dans la poussière à nos pieds soulevée
  De la cendre des morts!

Il faut que le fronton s'effeuille comme un arbre.
Il faut que le lichen, cette rouille du marbre,
De sa lèpre dorée au loin couvre le mur;
Et que la vétufté, par qui tout art s'efface,
Prenne chaque sculpture & la ronge à la face
Comme un avide oiseau qui dévore un fruit mûr.

Il faut qu'un vieux dallage ondule sous les portes,
Que le lierre vivant grimpe aux acanthes mortes,
  Que l'eau dorme aux fossés;
Que la cariatide, en sa lente révolte,
Se refuse, enfin lasse, à porter l'archivolte,
  Et dise : C'est assez!

Il faut que le vieillard, chargé de jours sans nombre,
Menant son jeune fils sous l'arche pleine d'ombre,
Nomme Napoléon comme on nomme Cyrus,
Et dise, en la montrant de ses mains décharnées :
« Vois cette porte énorme! elle a trois milles années.
« C'eft par là qu'ont passé des hommes disparus! »

Beaucoup d'hommes — & de femmes. Car de tous les vomitoires de Paris c'eft celui qui rend le plus grand nombre de Parisiens. Il eft effrayant le nombre de promeneurs & d'équipages de toutes sortes — broughams & briskas, flies & tandems, calèches & carrosses, fiacres & tapissières — qui traversent chaque jour cette place pour se rendre, soit au Bois de Boulogne, soit à

Neuilly — dont elle eſt le chemin : autant vaudrait compter les sables de la mer ou les étoiles du ciel. Effrayant aussi le nombre des gens, étrangers ou provinciaux, qui la traversent pour entrer dans Paris.

C'eſt par la Barrière de l'Étoile que, le 15 décembre 1840, l'empereur Napoléon rentra mort, mais glorieux, dans ce Paris que, le 29 juin 1815, il avait quitté vivant, mais vaincu. Je m'en souviens, quoique je fusse bien jeune alors, — car je mis plus de quarante-huit heures à me dégeler.

C'eſt par la barrière de l'Étoile que passa pour la dernière fois, le 13 juillet 1842, le duc d'Orléans, héritier présomptif de la couronne de France. Il devait, raconte Émile de Labédollière, aller à Saint-Omer inspecter des régiments désignés pour le corps d'armée d'opération sur la Marne, puis rejoindre sa femme aux eaux de Plombières. A onze heures du matin, il monta seul dans un cabriolet à quatre roues en forme de calèche, attelé de deux chevaux à la Daumont. Son intention, en quittant les Tuileries, était d'aller au château de Neuilly faire ses adieux à sa famille. Il avait l'habitude de suivre l'avenue qui eſt perpendiculaire à la porte Maillot ; mais, le 13 juillet, il suivit la route transversale qui coupe le village de Sablonville pour regagner l'ancien chemin de Neuilly jusqu'à la cour d'honneur du parc. L'atmosphère était brûlante ; quand les chevaux haletants arrivèrent devant la porte Maillot, le poſtillon ne les maîtrisait plus qu'avec peine, quoique son porteur eût seul pris le galop. Naturellement, entre les deux routes, l'une perpendiculaire, l'autre diagonale, qui s'offraient à eux, ils prirent celle qu'ils avaient l'habitude de suivre, &, à ce moment, comme cela arrive souvent aux chevaux qui sentent les approches de leur écurie, leur vitesse augmenta. Le porteur donna même quelques ruades dans son palonnier. Attaché très-court, ainsi que c'eft l'usage, particulièrement dans les attelages à la Daumont, le cheval se sentit gêné & s'emporta avec une rapidité qui entraîna le cheval sous-main, lequel était refté jusqu'alors tranquille. Le prince cria au poftillon :

« — Tu n'es plus maître de tes chevaux ? — Non, monseigneur, mais je les dirige encore. »

Et en effet, il n'avait perdu ni les arçons ni les étriers ; il tenait vigoureusement les guides & il pouvait espérer détourner ses chevaux, par la gauche, dans la vieille route de Neuilly, qui lui offrait la carrière.

« — Mais tu ne peux donc pas les retenir? cria de nouveau le prince, qui s'était levé debout dans sa voiture. — Non, monseigneur. »

Alors le duc d'Orléans, qui était fort agile & d'une adresse extraordinaire, se confiant dans la solidité & le peu d'élévation de son marchepied, sauta à pieds joints sur la route & retomba violemment sur le pavé, poussé par la violence d'impulsion qui, de la voiture, s'était communiquée à sa personne. Quelques secondes plus tard, les chevaux se calmaient, la voiture s'arrêtait...

Le prince — ajoute Labédollière — était resté sans connaissance; on le transporta dans l'arrière-boutique d'un épicier nommé Cordier. Le maître de la maison, le postillon & trois ouvriers le déposèrent sur deux matelas, la tête près du fourneau où l'on faisait ordinairement la cuisine. Plusieurs médecins accoururent & le prince fut saigné, mais sans que son état s'améliorât; la blessure qu'il avait à la tête comprenait à la fois la contusion, la déchirure, la fracture, l'écartement des sutures, toutes les lésions imaginables. L'évanouissement se prolongeait, & le mourant ne faisait entendre que quelques mots incohérents prononcés en langue allemande... A quatre heures & demie le duc d'Orléans rendait le dernier soupir.

Etrange destinée, n'est-ce pas? que celle de ce fils de roi, futur roi lui-même, qui s'en venait mourir dans la boutique d'un épicier! Les chevaux de sa voiture descendaient-ils donc de celui de Séjan, — qui descendait de ceux de Diomède? Ah! combien les petits, les humbles, les pauvres, les gens d'en bas, — qui regardent toujours d'un œil d'envie les gens d'en haut, — durent tressaillir d'aise à la nouvelle de cette catastrophe qui *humanisait* la majesté royale en la rendant leur égale devant la douleur!

Et comme l'original Mark Tapley (de *Martin Chuzzlewit*), lui qui cherchait les moyens d'entretenir sa jovialité par des événements douloureux & des spectacles tristes, se fût engagé avec empressement parmi les serviteurs du roi Louis-Philippe! Au moins il resterait quelqu'un aujourd'hui pour entretenir de regrets la lampe du souvenir, sur laquelle tant de vents ont soufflé depuis 1842, — entre autres l'ouragan de Février.

Mais il me faut quitter la route de la Révolte, où se trouve la chapelle Saint-Ferdinand, — élevée sur l'emplacement de la boutique de l'épicier Cordier, — & revenir aux alentours de la barrière de l'Étoile, par la grande avenue des Champs-Élysées, au bout de laquelle l'obélisque de Louqsor se dresse comme un point d'exclamation à la place même où tomba la tête de Louis XVI.

A gauche de cette avenue, & confinant à l'ancienne barrière, est la cité Beaujon, que je me reprocherais d'oublier, — non à cause du financier qui lui a donné son nom en y faisant construire sa *Chartreuse* aujourd'hui détruite, mais à cause de l'hôte le plus illustre de cette cité, Honoré de Balzac, mort le 20 mai 1850, « dans une petite maison mystérieuse qui avait abrité les fantaisies du fastueux financier. » On m'excusera de ne pas parler d'un autre hôte de cette cité, M. Arsène Houssaye : quelques-uns le disent homme de lettres ; moi je le crois propriétaire, — & les deux termes s'excluent.

Ce dont je ne serais pas excusable, ce serait de ne pas parler de personnages plus ou moins fameux dont parle, dans le *Paris qui s'en va*, sous le pseudonyme de C. de Sault, la fille de la comtesse d'Agoult, — le peintre Gigoux, le comte d'Orsay, le duc de Brunswick, & mademoiselle-madame Lola Montès : « Combien de jolies villas d'habitation s'élèvent sur l'emplacement des jardins Beaujon ! Ce quartier plaisait aux étrangers, aux artiftes & aux dilettantes. M. d'Orsay l'habita quelque temps. M. de Nieuwerkerke y venait travailler. Lola Montès y vécut légitimement mariée. Le duc de Brunswick y a enfoui ses trésors, mais son étrange & myftérieuse habitation touche à ses derniers moments. Déjà ont disparu, remplacés par la chaussée du boulevard : les ateliers de Dantan, son belvédère aux quatre vents, sa Pallas Athénée enveloppée de vignes vierges, son jardinet dessiné, planté de ses mains & tout parsemé de sculptures & de surprises, comme les jardins de Pompéi ; le petit hôtel de madame la comtesse d'Agoult, conftruction de briques, originale & gaie, où le peintre Jacquand avait révélé un rare talent d'architecte, & bien d'autres agréables retraites. »

Un peu plus bas sont des hôtels conftruits sur l'emplacement d'un cirque immense — & ridicule — dû à l'imagination de Le Camus de Choiseul, où, pendant neuf ou dix ans, de 1771 à 1780, se donnèrent toutes sortes de spectacles, bals, concerts, &c., à l'imitation du fameux Colisée de Rome, — où se donnaient des combats de gladiateurs & d'animaux féroces.

En face de ces hôtels & de la cité Beaujon, de l'autre côté de l'avenue, eft le Château des Fleurs, — une succursale du bal Mabille, — &, derrière ce « temple de Terpsychore, » se trouve le temple de la vieillesse, autrefois couvent d'Auguſtines, — aujourd'hui maison de retraite pour les vieux naufragés de l'océan parisien, hommes & femmes, qui ont été rejetés sur le rivage de Chaillot avec une épave de 6,000 francs. Parmi ces naufragés, les uns obscurs, les autres célèbres, il faut citer : madame Fusil, actrice du Théâtre-Français, la générale Compans, née comtesse de Lannoy, la comtesse de Schomberg, le neveu de Grétry, Colombel de la Meurthe, — un des rares membres du Conseil des Anciens qui s'opposèrent au coup d'État du 18 brumaire, — Châteauneuf, homme de lettres, &c., &c.

Eſt-ce à cause des hôtes de Sainte-Périne — ruines humaines pour la plupart — qu'il eſt de bon goût, depuis quelques années, de crier : *A Chaillot!* toutes les fois que, dans la conversation, quelqu'un dit une sottise ou émet une proposition extravagante ?

LA BARRIÈRE DU ROULE.

Elle était située à l'extrémité de ce qu'en 1865 on appelle le faubourg Saint-Honoré, & de ce qu'en 1635 on appelait la *Chaussée du Roule*, parce qu'elle conduisait au village de ce nom — qui, par parenthèse, a subi bien des métamorphoses depuis le *Crioilum* de saint Éloi : *Crioilum, Rotulus, Rolus, Rolle, Roule*. Le dieu Vishnou n'avait pas plus d'avatars ! Mais, au fait, pourquoi *Roule* ne viendrait-il pas de *Crioilum* ? *Cheval* vient bien d'*equus* !

Rolle ou Roule, cette barrière ne se diftinguait pas de ses sœurs par une décoration architectonique plus étonnante : un bâtiment à quatre avant-corps, avec couronnement & dôme, — c'était tout ce qu'elle offrait à notre admiration. Ses souvenirs hiftoriques ne sont pas plus riches, & je n'aurai pas de peine à engranger dans ce livre la moisson que j'y ai faite. Son seul mérite était d'être le chemin de Neuilly, — un village où tout le monde est blanchisseur, — & des Ternes, — un autre village dont tous les habitants sont employés.

Neuilly, dont on a dépecé le parc royal & vendu les débris du château incendié en 1848, Neuilly n'exifte plus que de nom, — un nom de la même famille que celui du village du Roule : *Lulliacum, Nully, Neuilly*. Ses hôtes les plus illuftres ont été des hommes de lettres & des hommes d'épée, Cambronne & Gouvion Saint-Cyr, Millevoye & Delisle de Salles, — Delisle de Salles, qui avait écrit au-dessous de son bufte :

« Dieu, l'Homme, la Nature, il a tout expliqué ! »

à quoi le bonhomme Andrieux avait ajouté un peu plus tard :

« Mais personne avant lui ne l'avait remarqué. »

Quant aux Ternes, — qui doivent leur nom à l'ancienne ferme d'*Esterne*, — ils ont eu le même honneur que le village de Neuilly : Géricault, un grand artifte, & Michelet, un grand écrivain, les ont habités.

Je reviens avec empressement sur mes pas, je retraverse l'ancienne barrière du Roule, je redescends un peu le faubourg Saint-Honoré & je trouve, à ma gauche, un hôpital qui réhabilite la mémoire du financier Beaujon, un peu compromise par ses folies amoureuses. On n'a le droit de jeter sa fortune par les fenêtres qu'à la condition de faire pousser des bienfaits à quelques-unes des places où elle tombe. On ne peut être oisif toute sa vie durant qu'à la condition d'être utile à l'heure de sa mort. C'eft deux ans avant la sienne que le faftueux parvenu songea à mettre son âme sous la sauvegarde d'une bonne action qui, comme récompense, se perpétue en perpétuant son nom.

LA BARRIÈRE DE COURCELLES

Celle-là, située à l'extrémité de la rue de Chartres-du-Roule, — aujourd'hui absorbée par la rue de Courcelles, — était décorée d'un bâtiment un peu plus laid que les autres, parce que plus prétentieux : un bâtiment à vingt-quatre colonnes. Je scandalise peut-être les élèves de M. Lefuel ou de M. Duban en me prononçant aussi carrément contre les pâtisseries en pierre dure de l'honnête M. Le Doux, & ils se demandent peut-être de quel droit je romps ainsi en visière avec une tradition d'admiration presque séculaire ; je veux bien leur répondre que mon indifférence à l'égard de ces monuments vient de leur propre froideur à mon endroit : ils ne me disent rien, absolument rien. Je n'admire que ce qui s'impose violemment à mon admiration. Et puis, je vous l'avouerai,—c'eſt la dixième fois que je fais cet aveu, — les monuments les plus beaux, quand ils sont neufs, ne valent pas le diable; comme à l'Arc de Triomphe de l'Étoile, il leur manque toujours « la ride & l'antiquité fière » : on devrait les démolir à mesure qu'on les conſtruit.

La barrière qui nous occupe tenait son nom du village de Courcelles, son voisin. C'était une barrière silencieuse, que traversaient de rares passants, & où les gens peureux n'auraient pas osé habiter, à cause du voisinage du parc de Monceau, alors abandonné, — un parc de Bondy! Depuis le 1er janvier 1860, depuis surtout la transformation du parc son voisin, la rue de Courcelles & ses alentours sont devenus plus gais & l'on n'a pas craint d'y venir demeurer, comme y étaient venus précédemment des grands seigneurs & de grandes dames, — voire des académiciens : le marquis de Gouffier, la marquise de Choiseul, la princesse Pauline Borghèse, la princesse de Cantacuzène, sir Bulwer, Cambacérès, Charles Dickens, Nisard...

LA BARRIÈRE DE LA ROTONDE DE CHARTRES

Il y a cette différence — curieuse à conftater — entre celle-ci & toutes les autres, qu'avant le 1ᵉʳ janvier 1860 elle n'exiftait que de nom & que, depuis cette époque, qui eft celle de la suppression des barrières de Paris, elle seule exifte de fait, puisqu'elle eft l'entrée & la sortie du parc Monceau. J. de La Tynna, dont le *Dictionnaire topographique, historique & étymologique des rues de Paris* a été si souvent & si servilement copié, dit d'elle : « C'eft une rotonde fort jolie, surmontée d'un dôme ; elle eft située vers le milieu du jardin de Monceau, & porte le nom du duc de Chartres, depuis duc d'Orléans, qui avait fait planter ce jardin. C'eft à tort que cette rotonde eft désignée comme barrière, puisque l'on n'y passe pas. » La Tynna ne savait pas que c'était une galanterie de Le

Doux envers le prince qui devait être plus tard Philippe-Égalité, & qui, comme tel, devait livrer sa tête au couperet égalitaire du docteur Guillotin.

Avant de dire ce qu'eft devenu le parc du duc de Chartres sous Napoléon III, il eft peut-être intéressant de conftater ce qu'il était sous son premier propriétaire, &, pour cela faire, je n'imagine rien de mieux qu'un emprunt à un des nombreux recueils du dix-huitième siècle, qui s'occupèrent de ce faux jardin anglais :

« En face de l'entrée principale eft une espèce de portique chinois, qui sert d'entrée au jardin. Sous ce portique, on communique, à gauche du pavillon du prince, par une petite galerie couverte. Pareille galerie sur la droite rend au pavillon bleu, d'où l'on passe à une autre galerie qui mène à un pavillon dont tous les objets sont transparents, puis à un pavillon jaune, de là aux serres chaudes, que l'on traverse, & au bout desquelles on trouve un petit pavillon chinois orné de glaces peintes en arabesque, &c. Une de ces galeries s'ouvrant par le moyen d'un bouton, vous entrez dans le jardin d'hiver, fabriqué dans une vafte & immense galerie. La porte, cintrée, est décorée de deux cariatides qui soutiennent un entablement dorique. Derrière les arbres placés près de cette porte, une ftatue de Faune, tenant deux torches, éclaire l'entrée d'une grotte formant cabinet à l'anglaise. L'eau tombe en cascade sur les rochers qui sont auprès. Parmi les arbuftes groupés sur ces rochers sont des raquettes & des coraux factices, dont les tubes creusés servent à placer des bougies le soir.

« Toute cette galerie, garnie d'un sable fin & rouge, eft remplie d'arbres & d'arbuftes en fleurs tout l'hiver, comme lilas, vigne de Judée, aburnum, noyers des Indes, bananiers, palmiers, cerisiers, caféiers, thés, cannes de sucre, etc., chargés de fleurs ; de l'autre côté sont de pareils arbres ; leurs troncs sculptés & coloriés servent de supports aux vitraux, & leurs branchages s'étendent pareillement sur la voûte peinte en ciel. De diftance en diftance sont des lanternes de criftal censées suspendues à leurs rameaux.

« Vers les deux tiers de cette galerie on voit, à gauche, une grotte extrêmement profonde ; une espèce d'antre, formé par des rochers placés dans le fond de cette grotte, s'ouvre ; vous passez sous une petite voûte, au bout de laquelle, en montant trois marches, une porte vous introduit dans une petite pièce appelée le *pavillon blanc*; cette pièce ressemble à l'intérieur d'une tente & eft tendue de même en toile de coton blanche bordée de perse : l'on y jouit d'une vue fort agréable. Rentrant dans la grotte, vous trouvez dans une de ses cavités, à gauche, un tour par où se fait le service des cuisines, lorsque le prince donne à souper dans cette grotte. Par le moyen d'un cordon, les musiciens, qui sont dans la pièce qui eft au-dessus de cette grotte, sont prévenus d'exécuter des symphonies dont les sons mélodieux, pénétrant dans cet endroit par les lézardes de la roche qui en forme la voûte, viennent surprendre agréablement les convives, & semblent être produits par les preſtiges de la féerie. Une fontaine, coulant sur des rochers, fixe encore vos regards avant de quitter ces lieux enchanteurs.

« Sur la droite de la cour, où vous vous trouvez en sortant, eſt un jardin fleuriſte. Dans le fond, la pompe à feu. Les bâtiments de la gauche contiennent des serres chaudes, servant à la culture des plantes exotiques, & des arbuſtes & fleurs pour renouveler le jardin d'hiver. Tout près eſt la cour & la maison du jardinier, à droite de laquelle eſt un cabaret. Le chemin qui se présente en face conduit aux ruines du temple de Mars, dont les colonnes sont d'ordre corinthien : leur disposition annonce que ce temple était de forme carrée, & orné d'un périſtyle, dont on retrouve encore deux parties. La ſtatue de Mars, qui était au milieu, étant trop mutilée, on y a subſtitué celle de Persée, qui eſt antique. Après ce temple, vous trouvez une prairie où serpente une rivière ; vous traversez une petite île formée par des rochers pour passer dans la prairie opposée, où un sentier sur la droite vous conduit au moulin à vent hollandais, qui fait mouvoir une pompe dont le produit fournit une partie de la cascade du rocher placé dans la pièce d'eau qui eſt au bas du moulin : près de là eſt un réservoir entouré de rochers servant à recevoir les eaux de Chaillot. Cette pièce d'eau, ainsi que le réservoir, étant dans l'endroit le plus élevé de ce jardin, ils servent à fournir les rivières & fontaines qui en sont l'agrément.

« Derrière le moulin à vent eſt la maison ruſtique du meunier ; son intérieur, revêtu de marbre blanc, forme une charmante laiterie, dont tous les vases sont de porcelaine. Auprès eſt un jardin fleuriſte bordé sur la droite par un petit ruisseau provenant d'une fontaine située à gauche du bassin du rocher. En suivant ses bords, on arrive à la montagne, sur le sommet de laquelle on a élevé un petit pavillon rond dans le genre gothique. Là, dominant tout ce qui vous environne, la vue n'eſt bornée que par l'horizon ; vous découvrez à droite Montmartre, les hauteurs de Belleville, tout Paris, l'Observatoire, Vanves, Issy, Meudon, Bellevue, Sèvres, Saint-Cloud, le Mont-Valérien, les hauteurs de Marly, Saint-Germain, celles de Sannois, Saint-Prix, Montmorency, Écouen, Épinay, Saint-Denis, puis l'on retrouve Montmartre.

« En descendant vous trouvez à droite un antre formé par des rochers, & qui sert d'entrée à la glacière, pratiquée sous cette montagne. En face eſt la melonnière, derrière laquelle eſt la ferme.

« Traversant le ruisseau sur la gauche, & côtoyant le jardin fleuriſte, vous arrivez au Bois des Tombeaux, composé de peupliers d'Italie, de sycomores, de platanes, de cyprès & de thuyas de la Chine. Le premier objet qui frappera vos yeux sera le tombeau d'une jeune fille dont la figure, couchée & mutilée, eſt en pierre de touche. Vous découvrirez à droite une pyramide imitée de celle de Caïus Sextus à Rome, mais portant le caractère égyptien. Deux cariatides soutenant le marbre d'une table vert antique annoncent l'entrée de ce monument, fermé par une porte de fer. L'intérieur est décoré de huit colonnes imitant le granit, & enterrées d'un tiers : leurs chapitaux, formés par des têtes égyptiennes, soutiennent un entablement de granit & de bronze. La voûte, en forme de calotte, est peinte en caissons avec rosaces de bronze. A droite & à gauche sont placés deux tombeaux de marbre noir antique. Les niches des angles sont occupées par des cassolettes de bronze. Dans une autre niche, en face de la porte, est une cuvette de marbre vert antique, sur laquelle une figure de femme accroupie sur ses talons, en se pressant les mamelles, en fait sortir l'eau qui retombe dans la cuvette. Cette figure, du plus beau noir, a pour coiffure un bandeau & des bandelettes d'argent.

« Sur la droite de ce tombeau est une urne de bronze posée sur un piédestal de marbre blanc, & élevée sur trois marches. En passant derrière la pyramide, vous trouverez à votre gauche une fontaine, & un peu plus loin un tombeau sur lequel est une pyramide ronde ruinée. Un sentier, placé près de ce tombeau, vous conduira aux deux pavillons recouverts en treillages & joints ensemble par un berceau. Après vous y être reposé un moment, vous longerez extérieurement le Bois des Tombeaux sur votre droite, & vous apercevrez bientôt la vigne italienne, empressée de gravir le coteau sur lequel elle est située ; une statue antique de Bacchus, placée au milieu, réveillera votre âme encore attriftée de la scène précédente. Vous serez étonné de voir des poteaux de sept pieds de haut plantés en quinconces servant d'échalas à cette vigne, & soutenant des berceaux qu'elle couvre de ses rameaux & de ses fruits.

« Après avoir traversé cette vigne & le ruisseau qui eft derrière, vous entrerez dans le bois qui eft sur la rive opposée. Un chemin irrégulier vous conduira à un point de repos, sur la droite duquel vous admirerez une belle ftatue antique de Mercure en marbre blanc, & le petit autel antique qui eft en face. Continuant ensuite votre route, vous arriverez près de deux monuments ruinés, dans l'un desquels eft la grande pompe à feu, & au rez-de-chaussée une petite chambre décorée à la chinoise. En avançant encore quelques pas, vous entrerez dans une petite place occupée par un bassin de marbre blanc, au milieu duquel eft un charmant groupe de M. Houdon, sculpteur du roi, représentant une superbe figure de marbre blanc prenant un bain ; derrière elle, une autre femme, exécutée en plomb & peinte en noir, figure une négresse tenant d'une main une draperie de marbre blanc & de l'autre une aiguière d'or, dont elle répand l'eau sur le corps de sa maîtresse, d'où elle retombe en nappe dans le bassin. Une porte ruinée, en face de ce groupe, vous conduit à la colonnade qui entoure une partie de la naumachie formée par un vafte bassin ovale. Sur les rochers groupés dans le milieu eft un obélisque de granit chargé d'hiéroglyphes. Après avoir admiré les reſtes de la colonnade corinthienne dans l'eau, dont elle décore les bords, & suivant ce bassin, sur la droite, vous rencontrerez un pont de bois peint en gris & en noir, de dessus lequel vous apercevrez la tente tartare, le petit temple de marbre & le jeu de bague chinois.

« En tournant à gauche, au sortir de ce pont, vous entrerez dans le jardin botanique, composé d'arbres, arbuſtes & plantes tant indigènes qu'exotiques. Regagnant ensuite le pont, un chemin élevé sur le bord de la rivière vous conduira à la fontaine de la Nymphe qui lui sert de source, puis à la tente tartare, où le chemin, faisant la fourche, mène à droite au jeu de bague & à gauche à la ſtatue antique du berger Pâris, devant lequel le chemin, se bifurquant encore, conduit à droite au temple de marbre & à gauche au château ruiné. Des fragments d'un escalier vous permettent de monter dans les ruines de cet ancien fort, & d'arriver sur la plate-forme d'un bâtiment carré & à créneaux. Par le moyen d'un escalier placé dans une tour antique, vous monterez sur la partie la plus élevée de ces ruines, & vous découvrirez tout l'ensemble de ce jardin. Au bas de cet endroit, les eaux, qui viennent de plus loin, forment une cascade sur des rochers près de l'arche principale d'un pont conſtruit en pierres meulières & briques, rompu en partie, & tenant à ce château antique. Un autre pont-rempart vous conduira dans un bois agreſte, sur la droite duquel vous irez gagner le temple de marbre blanc; c'eſt une rotonde sans calotte composée de douze colonnes corinthiennes, entre lesquelles sont des bancs de marbre. Un autel, placé au milieu, sert de piédeftal à une ftatue antique & en marbre repréfentant une des compagnes d'Ulyffe lorsqu'il était chez Lycomède. Du temple on arrive, à travers un bois agrefte, à la partie du pavillon du prince, expofée au levant; une bascule, placée entre les deux croisées du milieu, sert à monter extérieurement au premier étage; sur la gauche eft une fontaine, au bas d'un bassin pratiqué sur une terrasse contiguë à la salle de bains, placé de côté. Traversant le bosquet de la balançoire, qui eft à droite, vous arriverez à la façade principale du pavillon.

« Le milieu de cette façade eft orné d'un porche soutenu par des pilaftres carrés dont les bossages sont peints en marbre jaune de Sienne, & les tables en marbre de Languedoc. Leurs chapiteaux, bosses & ornements, imitent le bronze antique; la couverture eft aussi peinte en jaune, & les guirlandes en bronze.

« En avant de ce pavillon eft un bassin qui s'étend circulairement autour du jeu de bague chinois & le renferme dans une île. Trois pagodes chinoises portent un grand parasol qui couvre ce jeu. Ces pagodes, appuyées sur une base horizontale, se meuvent avec le plancher qui eft sous leurs pieds. La mécanique qui les fait tourner eft mise en mouvement par des hommes dans un souterrain pratiqué au-dessous. Des bords du plancher partent quatre branches de fer, dont deux soutiennent des dragons sur lesquels les messieurs montent à cheval. Sur les deux autres branches sont couchés des Chinois qui soutiennent d'un bras un coussin sur lequel s'assoient les dames; ils tiennent d'une main un parasol garni de grelots, & de l'autre un second coussin servant à poser les pieds. Aux bords du grand parasol sont suspendus des œufs d'autruche & des sonnettes. A droite & à gauche de ce jeu de bague, du côté du pavillon, sont des bancs-ottomanes placés dans des enfoncements de verdure. Ces bancs sont en pierre & imitent des carreaux de Perse; au-dessus sont des draperies rayées de violet, d'aurore & de blanc, soutenues par des bâtons. C'eft où se tient la compagnie pour voir courir la bague. A droite & à gauche de ces ottomanes sont des roses ou cassolettes imitant le bronze rouge; leurs guirlandes & ornements sont dorés.

« Sur la gauche du jeu de bague vous apercevrez une niche entre deux colonnes de proportions doriques, ornées de bossages & soutenant un entablement. Cette niche eft occupée par une superbe ftatue de marbre blanc, copiée par le célèbre Bouchardon d'après le Faune antique & dormant qui eft à Rome, dans la villa Borghèse.

« Un sentier qui se présente sur la droite de cet intéressant morceau vous conduira sur le bord d'un fossé qui servait autrefois de clôture au jardin de ce côté : vous pénétrerez dans l'agrandissement que le prince s'eft procuré au delà par un petit pont ployant qui se baisse & se relève contre le mur de clôture.

L'abreuvoir que vous trouverez dans ce nouveau terrain eft deftiné aux beftiaux de la ferme; de l'autre côté eft un petit tertre nommé le *Tertre de Diane.* »

J'ai donné *in extenso* cette description, parce que rien ne ressemble moins au Monceau ancien que le Monceau moderne. On a bien conservé çà & là des parties du jardin, jadis admirées, — par exemple la Naumachie, reftaurée; — mais du plan primitif de Carmontel il ne refte presque plus rien, & je le regrette, malgré le mauvais goût réel de ce plan, où il entrait trop d'imitation du chinois, du grec, du romain, — & pas assez d'imitation de la Nature, cette grande artifte!

Sous la République, Monceau, chanté par Delille, — il ne lui manquait que cela! — devint tout naturellement propriété nationale. La Convention décréta qu'il ne serait pas vendu, mais entretenu aux frais de l'État. Sous l'Empire, il échut à l'archichancelier, dont Napoléon voulut ainsi récompenser la complaisance; mais Cambacérès, effrayé des dépenses que nécessitait l'entretien du jardin & du personnel qu'exigeait le château, s'empressa de reftituer le cadeau à son généreux protecteur, à qui ses moyens permirent de le conserver pour son propre compte. Sous la Reftauration, Monceau fit retour au fils de Philippe-Égalité, qui l'habita quelque temps avec la princesse Adélaïde, sa sœur, & dont la famille le posséda jusqu'au décret de 1852.

Aujourd'hui, transformé, émondé, raccourci, simplifié, le parc de Monceau eft un square ouvert à tous les flâneurs & à tous les rentiers du quartier, — une sorte de Bois de Boulogne à la portée des goutteux, ennemis des longues marches, & des rêveurs, amis des discrètes solitudes.

LA BARRIÈRE DE MONCEAU

Le peuple — qui n'a pas le moindre souci des étymologies — l'appelait la *barrière Mousseaux*, & certains hiftoriens — populaires — n'ont pas craint d'écrire *Monceaux*. Il était si simple de dire & d'écrire *Montceau* ou *Monceau* — *Monticellum* — petite éminence, petit mont : le monceau Saint-Gervais, le monceau des Moulins, &c. Les faubourgs de Paris étaient couronnés de monceaux, — Paris étant une vallée.

Ce qui eft certain, c'eft que le village qui a donné son nom à la présente barrière, — laquelle, ornée d'un bâtiment à deux périftyles avec colonnes à bossages, était située à l'extrémité de la rue du Rocher, en face de la route d'Asnières, — ce village a de profondes racines dans notre hiftoire, puisqu'il en eft fait mention dans les *Vigilles* de Martial d'Auvergne, à propos du siége de Paris par Jeanne d'Arc (4 septembre 1429) :

« Puis le roy vint a Sainct Denys
Qui luy rendit obeissance,
Laigny avec le plat pays,
Deppendences & l'ajacence.

Oultre en procedant plus avant,
Son ost tira a la Chappelle,
Et dela au moulin a vent
Où y eut escharmouche belle.

Les Angloys qui eſtoient a Paris
Tous ensemble se retirerent
Affin qu'ils ne feussent peris
Et les murs si fortiffierent.

Le lendemain grant compaignie
De l'oſt des Francoys a Monceaulx
S'en vindrent faire ung assaillie
Jusques au Marche des pourceaulx.

Soubs la montaigne s'embucherent
Pour illec eſtre a couvert,
Et dela gaigner s'en allerent
D'assault ung petit bollevert.

D'un coſte & d'aultre canons
Et colleuvrines si ruoient
Et ne voyoit-on qu'empanons
De flesches qui en l'air tiroient.

Adoncques Jehanne la Pucelle
Se miſt dans l'arriere fossé
Où fiſt de besongner merveille
D'un couraige en ardeur dressé.

Un vireton que l'on tira
La vint en la iambe assener,
Et si point n'en desempara
Ni ne s'en voult oncques tourner. »

Une gaillarde, n'eft-ce pas, cette « bergerelle? » & comme elle méritait bien d'être brûlée vive pour avoir donné ce mauvais exemple de patriotisme!

La barrière de Monceau n'a pas que ce souvenir à son actif, — & n'eût-elle que celui-là, d'ailleurs, il suffirait encore pour la faire plus riche que d'autres barrières : les rues du Rocher & de Miromesnil, qui viennent aboutir à l'endroit où elle exiftait avant 1860, lui fournissent aussi leur petit contingent d'anecdotes, galantes les unes, lugubres les autres.

Car cette rue du Rocher, d'abord nommée — & bien nommée — rue des *Errancis* ou des *Estropiés,* était au siècle dernier ce qu'eft aujourd'hui, par exemple, la route de Montrouge : un chemin que bordaient quelques maisons, & au bout duquel tournaient deux ou trois moulins, qui faisaient de grands geftes télégraphiques aux Parisiens, pour les inviter à venir chopiner dans les cabarets environnants : le *Moulin des Prunes,* le *Moulin de la Marmite,* & le *Moulin Boute-à-fin!* Et puis la *Petite-Pologne,* une guinguette fort achalandée, d'où peut-être eft sorti le dicton calomnieux pour les descendants de Kosciusko! Et puis des champs, où les ivrognes allaient cuver leur piquette & les enfants enlever leurs cerfs-volants...

Le duc d'Orléans avait sa petite maison dans ce quartier pittoresque mais peu sûr, — une petite maison qui avait appartenu à un gros financier. *La Folie de Chartres* — comme on appelait Monceau — n'était pas encore conftruite, & il fallait bien que le prince abritât ses amours quelque part, loin de la foule & du bruit.

Le hasard, qui se plaît dans les antithèses cruelles, voulut qu'on improvisât un cimetière dans le terrain voisin de ces deux galantes hôtelleries, & que l'un des premiers enterrés fût précisément leur propriétaire, le duc d'Orléans, décapité le 6 novembre 1793. Charlotte Corday l'y avait précédé : il y fut suivi par d'autres corps sans tête, Maximilien Robespierre, Couthon, Saint-Juft, Robespierre le jeune, Dumas, Henriot, Simon, Vivier, Gombeau, Payan, Lavalette, Fleuriot, d'autres encore, — victimes & bourreaux dans le même charnier. Une cruauté de plus, la plus grande, cette cruauté suprême qui confiftait à faire pourrir ensemble des gens qui avaient vécu séparés par leurs haines ! Et le peuple oublieux qui se met à danser sur ces cadavres, dont quelques-uns au moins devraient lui être chers ! Il fallait appeler ce bal le *Bal des Victimes*, au moins !

Un peu plus bas, dans cette même rue du Rocher, ou des Errancis, était un hôtel qu'avaient habité madame Lætitia, mère de Bonaparte, & Joseph, son frère, à qui, le soir du 18 brumaire, Lucien disait : « La liberté eft née dans le jeu de paume de Versailles ; elle vient de se consolider dans l'Orangerie de Saint-Cloud. » Il voyait les événements au travers de lunettes vertes, ce Lucien-là !

LA BARRIÈRE DE LA RÉFORME

Je n'en parle que pour mémoire, de celle-là ; elle n'a fait que paraître & disparaître,—comme la République de Février, née en même temps qu'elle, & morte un peu plus tôt.

Cette barrière, qui avait pris son nom du cri au bruit duquel les gardes nationaux avaient chassé le roi Louis-Philippe & fait — sans y songer, mon Dieu ! — une révolution ; cette barrière, que ne décorait aucun monument, & qui n'en était pas plus laide pour cela, était située sur le chemin de ronde de Clichy, entre la précédente & celle qui suit.

La filleule a disparu comme la marraine, & le peuple parisien — qui a des oublis pleins d'enseignements pour les ambitieux — ne se souvient pas plus de l'une que de l'autre.

J'aurais grande envie de m'en attrister, en songeant à tant d'héroïques imbéciles morts en confessant en plein soleil leur foi politique; mais bast!...

LA BARRIÈRE DE CLICHY

Celle-là eſt la digne sœur de la barrière Monceau, par ses souvenirs patriotiques. Je me hâte de dire — afin de n'avoir plus à en parler — qu'elle était « ornée » d'un bâtiment à deux périſtyles de six colonnes, qu'on a bien fait de démolir.

Elle conduisait au village de Clichy & servait d'entrée à la petite ville des Batignolles, — à propos de laquelle mon savant ami Émile de Labédollière s'eſt mis en frais extraordinaires d'érudition, comme si cela en valait la peine. Il m'importe peu, je l'avoue, que ce pays de rentiers, d'employés & de tables d'hôte ait été le *val Bactilion* & se soit appelé tour à tour

Batagliole, Batifole, &, finalement, *Batignolles.* Je ne le crois pas aussi ancien que voudraient nous le faire croire les amateurs d'étymologies, &, de tous les plans de Paris que j'ai consultés à ce propos, aucun n'en daigne faire mention. Donnez-lui l'origine qui vous fera plaisir, & ne nous en occupons plus que pour raconter sommairement l'héroïque combat qui fait sa principale illuftration, — après toutefois avoir dit que là se rassemblaient, en 1795, 1796, 1797, les membres de la société connue sous le nom de *Club de Clichy,* dévoués pour la plupart à Louis XVIII, alors Majesté *in partibus*, & qu'écrasa la Révolution du 18 fructidor an V.

Les Parisiennes, qui pouvaient dire comme les femmes Spartiates qu'elles n'avaient jamais vu la fumée du camp ennemi, durent être étrangement surprises alors, dans la nuit du 28 mars 1814, quand elles virent s'allumer, sur les hauteurs de Chaumont & de Montmartre, les feux des bivacs prussiens, & que, dans la matinée du même jour, elles aperçurent, campées sur les boulevards, des familles entières de paysans, chassées de leurs chaumières par les lances des Cosaques. Paris, la cité sainte & inviolée, était menacée d'une invasion!

L'empereur Alexandre avait dit à Michel Feodorowitch, fils naturel du comte Feodor Orlof & colonel de sa garde : « Paris, dépourvu de ses défenseurs & de son grand homme, eft hors d'état, j'en ai la ferme conviction, de nous résifter. Dieu, qui m'a donné la force & la victoire, veut que je n'en use que pour rétablir la paix & la tranquillité en Europe. Si nous pouvons obtenir cette paix sans lutte, tant mieux. Sinon, cédons à la nécessité, & combattons. Mais, de gré ou de force, en combattant sur des ruines ou en marchant de parade entre des files de palais, il faut qu'aujourd'hui même l'Europe entre à Paris. »

De leur côté, les Parisiens s'étaient dit : « Nous sommes abandonnés de ceux qui auraient dû rester pour nous protéger. Le Dieu des armées lui-même s'est prononcé contre nous. Il nous faut mourir en résistant jusqu'au dernier souffle de vie, & tomber ensevelis sous les murs de notre chère patrie, plutôt que de la voir souillée par la présence de l'Étranger. »

Et Paris s'était armé avec empressement, avec enthousiasme, bourgeois & peuple, enfants & vieillards, vraiment résolu, malgré les défections de ses protecteurs naturels, à combattre jusqu'à la mort, — parce qu'il combattait *pro aris & focis*. Et ce fut un spectacle dont nos pères ont gardé la mémoire, que celui de cette ville frivole transformée en un camp où les femmes préparaient la charpie pour les blessés, où les invalides fondaient les balles destinées aux envahisseurs du sol natal. C'est en entendant raconter cette journée, — glorieuse malgré la défaite, — que j'ai appris à haïr l'oppression.

L'eau-forte d'Émile Thérond, inspirée du tableau d'Horace Vernet, retrace une des scènes du combat de Clichy. Le corps russe du comte de Langeron — un nom français! — a balayé devant lui les paysans fuyards, inférieurs comme courage à ces Belges tant calomniés qui savaient, eux, mourir sur le seuil de leurs demeures menacées. Une vingtaine de mille hommes, fantassins & cavaliers! Nous n'avions à leur opposer qu'une poignée de vaillants citoyens commandés par le maréchal Moncey, — qui depuis... mais alors il défendait Paris au nom de son empereur absent. Le maréchal avait établi son quartier général chez le père Lathuille, — un cabaret que devait populariser & enrichir cet héroïque épisode. « Buvez & mangez! criait le cabaretier aux gardes nationaux campés à sa porte. Buvez & mangez! Il ne faut rien laisser à l'ennemi!... » L'armée russe s'avança, — les divisions Langeron, Woronzow, York & Kleist; les Parisiens, poftés à la barrière de Clichy, malgré leur infériorité numérique, firent bonne contenance, & l'armée russe dut reculer sous le feu de leur artillerie. Mais le Dieu des gros bataillons s'était prononcé, & l'héroïsme des Parisiens devint inutile. D'ailleurs la défection s'était mise partout, toutes les avenues de la capitale avaient été ouvertes, aucune résiftance sérieuse n'avait été préparée : l'ennemi entra à Paris comme chez lui.

Voilà ce que vit la barrière de Clichy aux derniers jours de mars 1814. Quelques semaines après, le jeudi 21 avril, elle vit autre chose : ce fut l'entrée triomphale du duc de Berry, ayant à sa droite le prince de Neufchatel & à sa gauche le maréchal Moncey. Le duc de Berry venait de Saint-Denis & il s'en allait aux

Tuileries, où la trahison lui avait préparé un lit, — dans lequel il ne devait pas dormir longtemps, non plus que Louis XVIII. Les principales autorités civiles & militaires de Paris l'attendaient à la barrière. Le préfet de la Seine, M. de Chabrol, prononça le speech d'usage, « un discours simple & touchant, dans lequel — disent les journaux courtisanesques du temps — il chercha à exprimer le bonheur des habitants de la capitale en revoyant les petits-fils de notre bon Henri ; » & comme, après tout, malgré leur banalité, ces paroles-là étaient agréables pour les oreilles d'un prince ami de l'hyperbole, le duc de Berry ne s'en fâcha pas ; au contraire, il parut convaincu du « bonheur « qu'allaient éprouver les Parisiens à contempler ses auguftes traits, & il remercia le préfet de la Seine. Le maréchal Moncey ne sourcilla pas.

Un an après, dans la nuit du lundi 20 mars 1815, un carrosse pesant, suivi de quelques fourgons plus pesants encore, traversait cette pauvre barrière de Clichy, — mais dans un sens contraire. Le carrosse, qui venait des Tuileries, emportait au triple galop de ses chevaux de pofte S. M. Louis XVIII ; les fourgons, qui venaient aussi des Tuileries, emportaient des provisions de toute nature. Un roi si chrétien ne pouvait voyager sans viatique, — & Louis XVIII allait loin !

Le même jour, presque à la même heure, un second carrosse, venu du même lieu que le précédent, traversait du même galop rapide la barrière illustrée par la belle défense du maréchal Moncey. Dans cette seconde voiture, & probablement fort inquiet sur l'issue de ce voyage de nuit, était le comte d'Artois. Le duc de Berry, à cheval, l'accompagnait. Songea-t-il, au moment où il passa devant le cabaret du père Lathuille, au « discours simple & touchant » prononcé là, un an auparavant, par le préfet de la Seine ? Peut-être : il se passe en une minute tant de choses dans la cervelle d'un homme !

LA BARRIÈRE BLANCHE.

Cette barrière, qui se composait d'un seul bâtiment avec trois arcades au rez-de-chaussée, & se trouvait à l'extrémité des rues Blanche, Fontaine & de Bruxelles, s'appelait originairement *Barrière de la Croix-Blanche*, — du nom d'une enseigne voisine, probablement lorsque ce chemin était celui des *Porcherons*.

Quel souvenir ces dix lettres évoquent ! La barrière Blanche disparaît pour faire place à ce village à cabarets qui eut l'honneur d'être chanté par Vadé, l'illuſtre auteur du *Catéchisme poissard* — & de la langue poissarde : *les Porcherons !*

« . . . . Les Porcherons,
Où vont luronnes & lurons,
Les jours de fête & le dimanche,
Casser ou la gigue ou l'éclanche,
A gogo boire & ribotter,
Farauder, rire & gigotter,

Et puis finir force gambades
Par maintes & maintes gourmades
Qui donnent le plaisir après
A chacun de faire la paix.

C'eſt là qu'un robuſte plaisir
N'a jamais le temps de languir.
Ton bruyant, gros ris, cris, tapage,
Saut, lippée, & grand bavardage,
La chanson & le quolibet,
Les sons aigus du coup d'archet,
De vineau le pot ou la pinte
Que l'on vide là sans contrainte,
Tout cet ensemble divertit
Qui n'a souvent sol ni crédit... »

Quoique vous vous en doutiez bien un peu, Vadé vous apprend quels hôtes peuplaient deux jours par semaine ces bien-aimés *Porcherons* :

« Honnêtes gens de tous métiers,
Cordonniers, tailleurs, perruquiers,
Harengères & ravaudeuses,
Écosseuses & blanchisseuses,
Servantes, frotteurs & laquais,
Mignons du port ou porte-faix,
Par-ci par-là soldats aux gardes
Et leurs commères les poissardes
Qui, n'ayant crainte du démon,
Vous plantent là tout le sermon
Pour galoper à la guinguette
Où se grenouille la piquette... »

Bas blancs, souliers fins, chevelure
Poudrée à blanc, sont la parure
Des jolis cœurs qui, contents d'eux,
Y vont faire les doucereux.
On fait jabot, on fait manchette,

> On a chemise blanche & nette,
> Petit chapeau, grand bourdalou,
> Mouchoir à flot autour du cou,
> La rouge culotte de panne,
> En main ou sous le bras la canne,
> Veſte de toile ou de coton,
> En fine nacre le bouton;
> Tête en avant, coude en arrière,
> La rose dans la boutonnière,
> Aux mains, hiver, été, les gants,
> Bourses, tresses ou catogans... »

Le tableau eſt-il assez complet? Et il y en a vingt pages comme cela. Étonnez-vous, après, que la vogue fût aux *Porcherons*, que le peuple y allât « rouler ses paturons, » & que les grandes dames elles-mêmes s'y rendissent, déguisées, — comme la vertueuse madame de Genlis, qui y fit la conquête du coureur de M. de Brancas, lequel ne voulait plus la quitter, l'imprudent!

Ah! le beau temps, le bon temps, le temps démocratique par excellence, — quoi qu'en prétendent les puritains! Voyons, pères conscrits du Progrès, avouez qu'on s'amusait plus alors qu'aujourd'hui?

Le cabaret de Coquet, à la barrière Blanche, n'a remplacé qu'imparfaitement *les Porcherons*. On n'y rencontre pas madame de Genlis, c'eſt vrai, — & c'eſt un avantage; mais le coureur du duc de Brancas a laissé par là de sa graine, qui pousse comme chiendent, à la grande joie des grisettes du quartier, lesquelles ne sont autre chose que des filles entretenues. Manon Lescaut eſt un type charmant — que gâtent les chevaliers Desgrieux du bal de *la Reine-Blanche*, le voisin de Coquet.

Ce qui gâte la barrière Blanche, c'eft le cimetière Montmartre, dans lequel on cessera bientôt d'enterrer, car il eſt plein. Qu'on me permette de donner en passant un souvenir à quelques-uns de ses hôtes, — non pas les plus fameux, mais les plus sympathiques : Godefroy Cavaignac, Manin, sa fille Emilia, Buonarotti, Charles Fourier, Alfred & Tony Johannot, Artot, Adolphe Nourrit, Henri Murger, Alexandre Privat d'Anglemont.

Puisque je suis en train de voisiner, les admirateurs de la pyrotechnie ne me pardonneraient peut-être pas d'omettre parmi ces morts Claude Fortuné Ruggieri, « artificier du roi, » dont le fils, « artificier de l'empereur, » habite précisément, place de la barrière Blanche, une petite maison qu'il eſt impossible de ne pas voir quand on descend de Montmartre, & qui continue, je crois, celle qu'habitait le marquis de Cuſtine.

Je regrette *les Porcherons*.

LA BARRIÈRE PIGALLE.

« Enfants, voici les bœufs qui passent,
 Cachez vos rouges tabliers !

Je les vois toujours passer devant moi, trapus, solides, piétinant dans la boue du chemin de ronde, les naseaux fumants, les cornes ondulant comme une forêt de dards, & se dirigeant, résignés, vers l'abattoir de l'avenue Trudaine. « S'ils voulaient, pourtant ! » ai-je murmuré souvent, irrité de cette résignation — qui nous vaut de si savoureux roastbeefs. S'ils voulaient ! Oui ! mais ils ne veulent pas, — ils ne songent pas à vouloir ! Ils se savent dieux sans doute, & c'est leur soif d'immortalité qui les pousse ainsi en aveugles vers l'échaudoir, sans souci des coups de crocs que leur adressent, en manière d'avertissement, les trop fidèles chiens des bouviers. Qu'importe, à ceux que la massue attend, une douleur de plus ou de moins? Ne cachez pas vos tabliers, rouges ou verts, blancs ou bleus, enfants; passez au contraire, tranquilles & confiants, parmi les rangs épais de ces redoutables animaux — plus doux que des moutons! Ce n'eft pas des esclaves qu'il faut avoir peur, mais de ceux qui les mènent.

C'eft égal : quand, dans les nuits d'été, ma fenêtre ouverte, j'entendais sourdre au loin ce total de piétinements qui m'annonçaient l'arrivée d'un troupeau de bœufs, je ne pouvais m'empêcher de tressaillir, — songeant au bruit que fait, dans la nuit, un régiment en marche...

Je la revois aussi, cette modefte barrière que déshonorait un bâtiment à quatre façades avec colonnes & massifs vermiculés, & que décorait vraiment, sans en avoir l'air, un puits encagé qui me faisait songer à celui de Quintin Metzys, qui se trouve à Anvers, rue de la Musette-Bleue. On n'y puisait plus d'eau depuis longtemps, mais il exiftait quand même, & il aurait été dommage qu'il n'existât pas : les choses inutiles sont les plus agréables.

C'était la frontière naturelle d'un pays galant & artifte, — le quartier Bréda, où fleurissent les lorettes & les peintres, celles-ci *modèles* de ceux-là. Le chemin de ronde était bordé d'ateliers regardant le nord — d'où nous vient la lumière. A droite de la barrière eft une maison briques & pierre, d'un goût très-simple & très-heureux, — celle de Diaz. De l'autre côté de la place, à gauche, eft l'atelier de Charles Comte. En face de là fontaine qui remplace — mal — le puits de Quintin Metzys eſt l'atelier de Puvis de Chavannes. Dans le voisinage, d'autres ateliers encore, parmi lesquels celui de Ludovic Durand, un sculpteur de talent qui a éprouvé le besoin d'ajouter à sa lyre une corde d'argent — celle de photographe, — & à qui le succès a donné raison.

Comme contraſte à ces petits temples dignes d'un quartier & d'une barrière illuſtrés par le souvenir de l'auteur du *Mausolée du maréchal de Saxe,* je mentionnerai ici deux temples à bière, le *Café de la Nouvelle Athènes* & le *Grand Café de la place Pigalle,* qui tous deux se font vis-à-vis & concurrence sur cette place agrandie par la démolition du mur d'enceinte. Le *Café de la Nouvelle Athènes,* au début, était le rendez-vous des rapins & des gens de lettres du pays Bréda, panachés de quelques « hétaïres ; » mais le *Grand Café de la place Pigalle* s'eſt inſtallé là, à côté de la maison de Camille Roqueplan, & il a été adopté tout de suite par la clientèle volage de son voisin ; si bien adopté même, qu'à de certains jours on ne saurait y trouver une table pour savourer en silence son café & son *Tintamarre.* Pourquoi cette vogue ? Je n'en sais rien & je ne chercherais pas plus longtemps à le savoir, si ce n'était pas là un lieu de rendez-vous pour beaucoup de gens de lettres connus qui l'ont pris sous leur proteċtion & en ont fait leur Café Procope, — malgré son étrange appellation de *Café du Rat Mort.* Il mériterait plutôt de s'appeler le

Café San Fourche, à cause des nombreux exemplaires du genre chien qui s'y trouvent parfois réunis : terriers, épagneuls, bichons havanais, lévriers, barbets, caniches, & qui s'y livrent, sans qu'on les en prie, à des combats acharnés fort émouvants — & fort ennuyeux. Les « hétaïres » n'y manquent pas non plus, les unes jolies, les autres aimables, — mais presque toutes mistronneuses en diable. Des femmes brelandières, fi !

J'allais oublier de mentionner une institution du temps de Louis XI, la poſte aux chevaux, établie à l'extrémité de la rue Pigalle, en face du n° 6o, par M. Dailly père ; institution jadis importante, malheureusement amoindrie par les chemins de fer, qui ont supprimé tant de choses pittoresques. Nous n'irons plus en poſte, car les traits sont coupés ! Il y a bien encore des poſtillons avec le coſtume de Cholet dans l'opéra-comique d'Adam ; mais ils ne conduisent plus personne — que les exemplaires du *Petit Journal.*

LA BARRIÈRE DES MARTYRS

A l'origine, c'était la *Barrière de Montmartre*, parce qu'en effet elle conduisait à ce village fameux à plusieurs titres, — les uns anciens & les autres modernes. Puis elle s'était appelée *Barrière des Martyrs*, parce qu'elle était située à l'extrémité de la rue de ce nom, qu'elle fermait.

Montmartre ! Frédégaire l'appelle *Mons Mercurii*, l'abbé Hilduin *Mons Martis*, Frodoart & l'abbé Lebœuf *Mons Martyrum*, — sans compter les autres hagiographes ou hiftoriographes, petits ou gros, connus ou inconnus, bénédictins ou regrattiers littéraires, qui l'appellent à leur fantaisie. Il y en a pour tous les goûts. Et puis cela permet à ces chroniqueurs, sacrés ou profanes, de placer là, tantôt un temple de Mercure, tantôt un temple de Mars, tantôt un lieu deftiné au supplice des coupables — & même des innocents.

Cette dernière hypothèse eft la plus vraisemblable. Nous avons un vieux mot français, *martroy*, qu'on retrouve dans la plupart des villes du Centre & du Nord, & qui ne signifie pas autre chose que ce qu'a signifié pendant longtemps la place de Grève. Maintenant, que ce lieu ait été témoin du martyre de saint Denis ou du supplice de misérables inconnus, voilà ce que les plus savants ignorent & ce qu'il m'eft bien permis, à moi ignorant, de ne pas savoir. Assurément cela eft fâcheux pour la mémoire de saint Denis & de ses deux compagnons, saint Eleuthère & saint Ruftique, qui se trouve ainsi couverte d'obscurité, à moins que l'on ne veuille accepter la légende qui les concerne — & qui ne doute de rien, elle.

Quoi qu'il en soit de cet épisode final de la vie de l'apôtre des Gaules, une vénération s'était attachée, dès le troisième siècle, à cette colline expiatoire qui dominait Paris comme un remords. Une crypte, découverte en 1611, & probablement contemporaine de la Passion de saint Denis, servit pendant longtemps de prétexte à de pieux pèlerinages, qu'augmenta encore, au douzième siècle, l'érection d'une chapelle fondée par Alix de Savoie, femme de Louis VI, &, à côté de cette chapelle, l'érection d'un monaftère de bénédictines. Aussi, pendant longtemps, la Chaussée des Martyrs, qui continue la rue de ce nom, fut-elle le chemin battu par des processions de fidèles & de curieux qui, dans les grandes circonftances, s'en allaient vers le sommet du Mont Sacré pour y implorer l'assiftance de Dieu;

& même, après la deſtruction de l'abbaye, le peuple parisien continua d'aller chaque année visiter processionnellement l'église Saint-Pierre, dont le curé avait l'autorisation d'établir un Chemin de la Croix, avec ses neuf ſtations. La génération de 1830 se souvient de ce Calvaire de Montmartre ; mais celle de 1860 ne se doute même pas qu'il exiſte encore, — malgré les indulgences plénières accordées par Grégoire XVI. Les Parisiens perdent aussi volontiers leurs vieilles habitudes qu'ils en prennent de nouvelles : voilà une trentaine d'années que le pèlerinage de Montmartre eſt abandonné, comme celui du Mont-Valérien, — tous deux fort en honneur sous la Reſtauration. La foi se dissout peu à peu dans les âmes, le siècle se fait athée.

Quant à la Chaussée des Martyrs, qui montait jadis jusqu'au sommet de la butte, & à laquelle la rue Antoinette barre brutalement le chemin, elle ne voit plus maintenant, en guise de pèlerins, que les employés qui ont choisi Montmartre comme résidence, &, de temps en temps, des nouveaux mariés qui s'en vont faire leur repas de noce au *Pavillon des Princes*, — un reſtaurant ambitieux tenu par le successeur de l'illuſtre Lointier. On feſtine là de la même façon qu'à la *Boule Noire*, — le reſtaurant d'en face, — & peut-être y danse-t-on avec moins d'entrain qu'à l'*Elysée*.

Malgré la rue Antoinette & sa barricade de hautes maisons, je ne crains pas de remonter de temps en temps la Chaussée des Martyrs & d'aller m'inſtaller au sommet extrême de cette montagne autrefois célèbre, aujourd'hui découronnée de son abbaye & décoiffée de ses moulins qui lui prêtaient une physionomie originale. J'éprouve une âpre joie à contempler ainsi cette grande ville qui fait tant de tapage & de fumée, & qui ne tient pas cependant, pour mes yeux, plus de place qu'elle n'en occupe sur la carte de France, — la circonférence d'une pièce de cent sous, ses armes parlantes ! Moi, atome sans nom, né d'hier, mort demain, je ressens à l'âme comme une âcre volupté en songeant à ce million d'autres atomes qui dansent à mes pieds, dans cette fumée, au milieu de ce bruit, — à toutes ces fourmis humaines qui s'agitent sans que Dieu les mène, inquiètes, épeurées, affolées de convoitises, & chacune d'elles traînant son fétu de paille comme un boulet de fer. Dans cette contemplation absorbante, qui m'extériorise momentanément, & d'acteur de la grande mêlée sociale me transforme en spectateur, j'oublie que, moi aussi, j'ai ma pierre à rouler, & je dépense tant de méprisante pitié pour les autres qu'il ne m'en reste plus assez pour moi — qui peut-être en ai plus besoin que personne !

Ainsi donc c'est cet amas confus de cheminées noircies par les pluies & par les fumées qui donne le *la* dans le concert universel ! C'est ce tas de moellons qui pèse sur le monde ! O dieux immortels ! que cela me semblerait triste si je n'avais, pour me dérider, quelque bonne ironie gauloise ou saxonne, — par exemple, l'histoire que Sam raconte à son maître Pickwick, de ce charcutier qui avait inventé une mécanique à vapeur, patentée, pour fabriquer des saucisses sans fin. Il était très-fier de sa mécanique, ce charcutier, mais un peu moins de sa femme, « la plus mauvaise des mauvaises. » Un jour il disparaît sans qu'on sache où il eft allé, & sa femme, parfaitement consolée, continue son commerce. Quelques jours après celui-là, un vieux gentleman vient se plaindre à elle qu'il a trouvé des boutons dans ses saucisses, — des boutons de culotte. La veuve n'en veut rien croire ; le vieux gentleman, pour la convaincre, lui montre les fragments recueillis par lui ; alors, elle, les reconnaissant, lui dit tranquillement : « Ce sont les boutons de la culotte de mon mari ; dans un moment d'impatience, il se sera bêtement converti en saucisses... »

Une bouffonnerie de ce genre — qu'elle soit de Dickens ou de Rabelais, de Swift ou de Gozlan — appliquée comme cataplasme sur un esprit malade ou *battu du diable*, dirait Saint-Simon, vous le guérit en un tour de main. Essayez-en !

LA BARRIÈRE ROCHECHOUART

Elle était située à l'extrémité de la rue du même nom qui, comme elle, le devait à dame Marguerite Rochechouart de Montpipeau, abbesse de Montmartre en 1718, morte en 1727. L'honnête M. Le Doux n'avait pas eu le temps de s'occuper d'elle, &, pendant une quarantaine d'années, elle était reftée sans « monument » : ce ne fut qu'en 1826 — époque mémorable de la Déclaration des évêques de France relativement à l'indépendance des rois dans l'ordre temporel — qu'on songea à la « décorer. » 1860 lui a arraché sa décoration.

Dame Marguerite de Montpipeau à part, tout l'intérêt de cette barrière lui venait de son voisinage du hameau de Clignancourt, dont l'exiftence remonte au treizième siècle, ainsi qu'il appert d'un vieux titre où il eft dit qu'un seigneur de Clignancourt tenait à Paris un terrain du seigneur de la Tour de Senlis.

Là, comme à Montmartre & aux environs, les soudards de toutes les époques prirent leurs ébats, — & l'on sait ce que sont les ébats des soudards! Au quinzième siècle, Bretons & Bourguignons — dit la *Chronique scandaleuse de Louis XI*, à l'an 1475 — « furent ès terrouers de Clignencourt prendre & vendanger toute la vendange qui y estoit, jaçoit ce qu'elle n'estoit point meure... » Vous voyez d'ici les résultats! Mais cette punition était encore trop douce pour des gens de cette trempe.

En 1815, l'armée anglaise, campée aux portes de Paris, imita tout naturellement les Bretons & les Bourguignons de 1475, — sans doute pour épargner aux vignerons la peine de vendanger eux-mêmes leurs vignes, — & elle fut punie comme ils l'avaient été.

Un Parisien de 1790 ne reconnaîtrait plus aujourd'hui cette barrière Rochechouart, qui alors confinait à des terrains vagues. Le seul établissement qui y donnât un peu de vie & de gaieté était un quadrilatère entouré de cordes, au centre duquel on voyait un jeu de tonneau & des tables pour les buveurs. C'était l'embryon du *Petit-Ramponneau* actuel, qui a déjà fait la fortune de trois ou quatre de ses propriétaires.

Je n'ai plus rien à dire de cette barrière, — sinon que son chemin de ronde était bordé par les murs de clôture de l'abattoir, conftruit en 1809 par M. Poidevin, architecte.

LA BARRIÈRE POISSONNIÈRE

Aucun monument ne décorait d'abord cette barrière, située à l'extrémité de la rue du Faubourg-Poissonnière; ce ne fut que dans les premières années du règne de Louis-Philippe, vers 1838 ou 1839, qu'elle eut sa décoration — dont elle se serait certainement passé. C'était, officiellement, la *barrière du Télégraphe*, parce qu'elle conduisait, ni plus ni moins que la précédente, au télégraphe des frères Chappe, établi sur les hauteurs de Montmartre, derrière l'ancienne abbaye; mais, pour tout le monde, c'était la *barrière Poissonnière*.

Au dix-septième siècle, cet endroit — qu'on appelait le *Chemin de la Nouvelle-France* — était semé de jardins, de cabarets & de guinguettes. Au dix-huitième siècle, les maisons n'y abondaient pas davantage, — les petites maisons exceptées, celles-là qu'on cachait alors le plus loin possible des regards indiscrets,

& où l'on se rendait avec le fameux manteau couleur de muraille qui apprenait aux passants ce qu'on voulait précisément leur céler. Les grands seigneurs d'alors — comme les gros bourgeois d'aujourd'hui — menaient la vie en partie double ; ils avaient un hôtel au milieu de Paris, dans le quartier Saint-Germain, où ils édifiaient le voisinage par leur dignité, leur luxe décent, leurs mœurs imposantes ; & à l'autre extrémité de Paris, dans un faubourg quelconque, à deux pas d'une guinguette, adossée à un jardin maraîcher, était la modefte maison où s'engloutissaient en folies de toutes sortes des héritages entiers. Ainsi, par exemple, le comte de Charolais, pair de France, gouverneur de Touraine, prince du sang : pour tout le monde, le monde officiel, il demeurait à l'hôtel de Condé ; mais pour les filles d'Opéra & pour quelques débauchés, ses amis, il avait pour domicile réel une maisonnette entre cour & jardin, vers le haut du Chemin de la Nouvelle-France, devenu depuis la rue du Faubourg-Poissonnière. Seulement, à l'hôtel de Condé on l'appelait le comte de Charolais gros comme le bras, & au faubourg on l'appelait familièrement le prince Charles — en le tutoyant.

Les petites maisons ont disparu, les grands seigneurs aussi, les filles d'Opéra aussi, — mais les mœurs sont reftées. Les bourgeois riches laissent les danseuses à leur espalier & se contentent des petites dames du quartier Bréda, qui ont la spécialité des Camusot & des barons de Nucingen.

Depuis une quinzaine d'années les alentours de la
[ba]rrière Poissonnière ont changé de physionomie. Là
[où], en 1848, était un vaste espace désert, au milieu
[d]uquel on commençait à bâtir l'hôpital Lariboisière,
[et] où, aux néfastes journées de juin, les insurgés
[s'étaient fait une position inexpugnable, — là se
[d]ressent maintenant de nombreuses maisons, hautes
[c]omme les plus hautes & belles comme les plus belles :
[le] désert est peuplé. Et non-seulement en deçà de
[l']ancienne barrière, mais encore au delà, à droite &
[à] gauche de la rue des Poissonniers, jusqu'à la rue
[M]arcadet.

LA BARRIÈRE DES VERTUS (1).

Son nom ne lui a pas porté bonheur, à celle-là. Il venait d'une image miraculeuse de la Vierge qui se trouvait dans l'église d'Aubervilliers, — un village célèbre dont cette barrière était le chemin. Les pèlerins affluaient là, d'abord par dévotion pour l'image miraculeuse, ensuite — s'il faut en croire le sceptique Dulaure — par admiration profane pour les pèlerines, la plupart jolies.

Qui sait cela aujourd'hui ? Personne — hormis les

---

(1) Avant cette barrière, & immédiatement après la barrière Poissonnière, devait venir naturellement — pour ne pas interrompre l'ordre suivi jusqu'ici par moi — la barrière de la Chapelle. Mais, à cause de l'événement — ou plutôt de l'avénement — que relate ce chapitre, j'ai dû le placer quelques pages plus loin, après celui que je consacre à la barrière de la Villette, dont il est pour ainsi dire la conclusion.

gens dont c'eſt le métier de le savoir. Qui sait aussi que la rue Château-Landon, qui aboutit à l'ancienne barrière des Vertus fut, en son temps, le *Chemin des Potences*, — par allusion, sans doute, aux fourches patibulaires de Montfaucon? Rue siniſtre, barrière mélancolique, votre hiſtoire attriſterait les gens sensibles ; je la supprime.

Imaginez au contraire la *barrière des Vices :* quelle hiſtoire amusante!

LES BARRIÈRES DE LA VILLETTE ET DE PANTIN.

Je n'en mets pas deux ensemble pour avoir plus tôt fini, comme on serait peut-être tenté de le supposer. Je n'ai nulle hâte d'arriver à la fin de ce volume, qui me plaît à écrire parce qu'il concerne Paris. Mais si je siamoise ainsi les deux barrières de la Villette & de Pantin, c'est qu'elles sont siamoisées dans la réalité — & dans l'eau-forte d'Émile Thérond : je ne saurais sans danger les séparer.

Toutes deux se touchent donc. L'une, la barrière de la Villette, située à l'extrémité de la rue du Faubourg-Saint-Martin, & qu'on a cru devoir conserver — sans doute comme spécimen — eſt, disent les frères Lazare, « remarquable par la richesse de sa conſtruction, qui conviendrait mieux à un temple qu'à un bureau de perception des droits d'entrée. Elle se trouve sur la ligne d'axe du bassin de la Villette. L'observateur qui se place à l'extrémité du bassin a devant les yeux un charmant panorama, heureusement complété par le monument de la Villette. »

Le panorama, passe! S'il n'est pas « charmant, » du moins n'eſt-il pas désagréable. Il devait même être assez plaisant à contempler, sous la Reſtauration, au milieu de l'hiver, quand, parmi les patineurs venus là des quatre coins de Paris, brillait du triple éclat de la jeunesse, de la grâce & de la beauté, une dame en robe noire à hauts volants, en chapeau rose & en brodequins, qu'on appelait « la belle Hollandaise. » Mais, pour le monument, j'oserai ne pas être de l'avis des frères Lazare.

La seconde barrière jumelle, la barrière de Pantin, située à l'endroit où vient aujourd'hui la rue de Lafayette-prolongée, qui a absorbé la rue du Chemin-de-Pantin, on me permettra de n'avoir pas, à propos d'elle, de mouvements d'exsultation plus désordonnés qu'à propos de la barrière de la Villette. Ce sont deux sœurs, une grosse & une petite ; je ne leur ferai pas l'injure de préférer l'une à l'autre, — car toutes les deux se valent : si j'avais à faire un choix, je me prononcerais plutôt pour la Rotonde Saint-Martin, qui leur sert de trait d'union.

Moellons à part, c'est là un endroit intéressant pour le collecteur de souvenirs. Je ne parle pas de la mère Radig & de son cabaret populacier, auxquels le délicat M. de Jouy a consacré un chapitre de son *Ermite de la Guyane* : je parle de quelque chose de plus éloquent pour l'esprit & pour le cœur d'un Parisien, — de la Bataille de Paris, dont le dernier acte, le plus lamentable de cette tragédie politique, vint se jouer à la Villette.

On ne s'attend pas à un récit, même écourté, de cet épisode suprême. Outre que je ne me sens pas l'étoffe d'un historien, & que je dirais mal — malgré mon envie de bien dire — les phases diverses du combat inégal livré par les armées alliées aux Parisiens, quiconque les veut lire sait où les trouver : dans les Mémoires contemporains & dans les historiens autorisés comme Vaulabelle. Ce qu'il ne m'est pas permis d'omettre ici, à propos des deux barrières jumelles, c'est que ce fut à deux pas d'elles, dans un misérable cabaret de la Villette, *le Petit Jardinet,* tenu par Lebrun, que, le soir du 30 mars 1814, se réunirent les hommes qui tenaient désormais entre leurs mains le sort de la France : le comte de Nesselrode, le comte Orlof, le comte de Paër, le capitaine Peterson, le duc de Raguse, le duc de Trévise, le colonel Fabvier, & je ne sais plus quels délégués encore, anglais, prussiens, russes — ou français. Ils étaient nombreux, dans ce petit cabaret ; & cependant ils auraient voulu l'être davantage, afin d'en avoir moins lourd à porter sur la conscience & devant l'impartial tribunal de la Postérité. A cinq heures, après de longs débats & d'ardentes discussions, ils signaient le traité dont suit la teneur :

Capitulation de Paris.

« Art. 1ᵉʳ. Les troupes françaises, sous les ordres des maréchaux ducs de Trévise & de Raguse, évacueront Paris le 19 (31) mars, à sept heures du matin.

« Art. 2. Elles emmèneront avec elles toute leur artillerie & tous leurs bagages.

« Art. 3. Les hoftilités ne pourront recommencer que deux heures après l'évacuation de la ville, c'eft-à-dire pas avant neuf heures du matin, le 19 (31) mars.

« Art. 4. Tous les arsenaux & magasins militaires refteront dans l'état où ils se trouvaient avant la signature de la présente capitulation.

« Art. 5. La garde nationale à pied & à cheval sera complétement séparée des troupes de ligne ; les alliés se réservent de la conserver & de la désarmer, ou bien de la dissoudre.

« Art. 6. La gendarmerie de Paris partagera, à tous égards, le sort de la garde nationale.

« Art. 7. Les blessés & les maraudeurs qu'on rencontrera encore en ville, après trois heures de l'après-midi, seront considérés comme prisonniers de guerre.

« Art. 8. La ville de Paris eft recommandée à la générosité des puissances alliées. »

On ne meurt pas de honte.

Dans la nuit qui suivit la signature de cet acte, qui biffait l'Empire, chassait l'Empereur & poignardait les libertés publiques, Alexandre & Frédéric-Guillaume quittaient le château de Bondy, leur quartier général, & venaient jusqu'aux portes de Paris, pour juger par eux-mêmes de la situation.

Malgré la proclamation de l'armiftice par des officiers, précédés de trompettes, qui avaient parcouru toutes les lignes & fait cesser le feu de part & d'autre, on entendait de temps en temps retentir dans la nuit quelques coups de fusil, — qui semblaient autant de proteftations désespérées contre l'assassinat de l'honneur français, dont s'étaient rendus coupables une poignée de diplomates étrangers, c'eft-à-dire ennemis.

Les deux potentats durent tressaillir, malgré la volupté farouche qu'ils éprouvaient sans doute à se sentir enfin les maîtres de ce peuple qui les avait faits ses esclaves & condamnés comme tels à orner le char de triomphe de son orgueilleux Empereur. Ils durent tressaillir, comme tressaillent les meurtriers le crime accompli, même lorsque leur butin eft là pour les consoler de leurs transes; mais ils n'en montèrent pas moins d'un pas hardi jusqu'au sommet de la butte Chaumont pour savourer à leur aise le spectacle que leur offrait à cette heure Paris,—le Paris tant convoité, que leur livraient la lâcheté des uns & le découragement des autres, la trahison de ceux-ci & la faiblesse de ceux-là! Paris dormait.

7.

Le lendemain matin, au moment précis fixé par la Capitulation, les armées alliées faisaient leur entrée dans la ville conquise — & heureuse de l'être, s'il faut en croire *le Journal de Paris* du 1ᵉʳ avril 1814, dont le récit mérite d'être consigné ici comme renseignement, — ou plutôt comme enseignement :

« Les acclamations du peuple se sont fait entendre de toutes parts ; mais l'enthousiasme était porté à son comble aussitôt que les regards pouvaient se fixer sur LL. MM. l'empereur Alexandre & le roi de Prusse. Des cris d'allégresse s'élevaient dans les airs ; on se précipitait aux pieds de la personne auguſte de S. M. l'empereur de toutes les Russies. On pressait ses mains, ses habits ; & la bonté toute particulière avec laquelle ce monarque accueillait ces témoignages de reconnaissance & de respect a laissé dans tous les cœurs une impression que rien ne pourra effacer. On peut le dire, les faſtes de l'hiſtoire ne présentent pas l'exemple d'un enthousiasme aussi éclatant & aussi sincère. »

On peut l'ajouter : l'hiſtoire de la presse n'offre pas l'exemple d'une abjection aussi forte & d'une servilité aussi audacieuse. Louis XVIII pouvait venir : les « cœurs » étaient préparés pour le recevoir.

Il ne tarda pas, en effet, car il était dans les fourgons, — à la suite des armées russe & prussienne. Mais avant lui, & comme pour essuyer le premier feu de l'enthousiasme populaire, entrait par cette barrière de Pantin, le 12 avril suivant, S. A. R. le comte d'Artois, frère de S. M. Louis XVIII, qui goûtait par ses oreilles au miel de l'éloquence municipale. Aussi *Monsieur*, — disent les feuilles officielles de l'époque, — après avoir écouté le discours du comte de Chabrol, « avec cette bonté touchante » qui « caractérisait un petit-fils du grand Henri, » ne craignit pas de mettre dans sa réponse « ces manières engageantes & ces grâces françaises qui lui étaient si familières. »

LA BARRIÈRE DE LA CHAPELLE

Je lui redonne pour un inſtant le nom consacré par l'usage, mais non par l'édilité, — qui l'appelait *Barrière Saint-Denis*, parce qu'elle était située à l'extrémité de la rue du faubourg Saint-Denis, & qu'elle conduisait à la vieille Abbaye d'où l'ouragan révolutionnaire a dispersé les poussières royales.

Quant au bâtiment élevé sur les plans de Le Doux, — bâtiment à quatre façades, avec attique & couronnement, — c'était, « vu du côté du jardin, dit Edmond Texier à qui je laisse la responsabilité de son enthousiasme, c'était une très-jolie habitation bourgeoise, presque un château. » On voit bien que Texier a été jadis un peu poëte : il bâtit facilement des châteaux.

A quelques pas de cette barrière se tenaient autrefois les foires du Landit, dont la première avait été établie par Dagobert, — roi d'une célébrité si originale, grâce à la légende populaire qui ne ressemble guère à l'hiftoire :

> « En l'honneur de la marchandie
> M'eft pris talent que je vous die
> Se il vous plaift un nouveau Dit :
> Bonne gent, ce'eft du Landit,
> La plus roial foire du monde... »

La plus royale & la plus courue, — surtout des écoliers de l'Université de Paris, qui, sous prétexte de venir s'y approvisionner de parchemin, y venaient ripailler à panse que veux-tu, aux frais des marchands, car tous ces clercs, tous ces basochiens si richement dotés de jeunesse, si richement apanagés d'esprit, étaient aussi légers d'argent que de cervelle, & il fallait bien villonner un peu. Quelles belles débauches! Quelles superbes folies! Quelles mêlées furieuses! Quels duels homériques à coups de dague! Tout cela grouillait, pêle-mêle, avec les marchands, les vagabonds, les coupeurs de bourse, les sabouleux, les francs-mitous, les marpeaux, les truands, les mauvais garçons, les vierges folles, les sorcières, les entremetteuses, les voleuses d'enfant, — la haute & basse Bohême que vomissait toujours, en ces occasions-là, la myftérieuse cour des Miracles!...

Combien de pieds humains ont battu la boue & le pavé de cette route? Combien de choses ont vues les sentiers qui mènent de là-bas ici & d'ici là-bas? Combien d'hommes, de soldats, de chevaux, de nobles &

de manants ? Nul ne saurait le dire. Les morts vont vite, emportant avec eux le secret de leurs évolutions.

Ces plaines — envahies aujourd'hui par l'induftrie, sillonnées par les rails de deux chemins de fer, celui du Nord & celui de Strasbourg — ont été vingt fois envahies par les soudards, ravagées, pillées, incendiées : au quatorzième siècle, par les troupes anglaises & navarraises à la solde & à la suite de Charles le Mauvais, pendant la captivité du roi Jean, à l'époque de la Jacquerie parisienne; au quinzième siècle, par les soldats des Armagnacs; puis par les Anglais, — puis encore par ceux-ci, — puis encore par ceux-là, — des armées de sauterelles !

C'eft par ce chemin qui, de Saint-Denis, aboutit à Notre-Dame, &, de la ville où on sacre les rois, va dans la ville où on les enterre, — c'eft par ce chemin prédeftiné que nos pharaons faisaient leur entrée solennelle. C'étaient des fêtes à n'en plus finir. Le populaire, toujours avide de spectacles, se pressait, s'étouffait, pour voir de plus près ces têtes couronnées, — qu'il croyait alors pétries d'un autre limon que celles des gueux ; il se pressait & s'empressait au-devant de ces auguftes personnages, comme s'il en devait jamais retirer autre chose que des promesses & des poignées de main ! Toutes les rues, à partir de là, étaient tapissées d'étoffes de soie & de draps camelotés,—comme le jour de la Fête-Dieu. Des jets d'eau de senteur parfumaient l'air, — qui devait, en effet, en avoir grand besoin. Le vin, l'hypocras, l'hydromel & le lait coulaient des fontaines. Les députés des six corps de marchands portaient le dais. Les corps de métiers suivaient, « représentant en habits de caractère, » raconte Saint-Foix, « les *sept Péchés mortels,* les *sept Vertus,* la *Mort,* le *Purgatoire,* l'*Enfer* & le *Paradis;* le tout monté superbement. » Il y avait, en outre, de diftance en diftance, des théâtres « où des acteurs pantomimes, mêlés avec des chœurs de musique, représentaient des *Mystères* de l'Ancien Teftament : *Le Sacrifice d'Abraham, le Combat de David contre Goliath,* etc. »

A l'entrée de la reine Isabeau de Bavière, *la grande Gore,* il y eut plus encore, si l'on croit le vieux chroniqueur Froissart. Il y eut, à la Porte-aux-Peintres, « un ciel nué & eftoilé très-richement, & Dieu par figure séant en Sa Majefté le Père, le Fils & le Saint-Esprit ; &, dans ce ciel, petits enfants de chœur chantèrent moult doucement en forme d'anges ; & lorsque la royne passa dans sa litière découverte, sous la porte de ce Paradis, deux anges descendirent d'en haut, tenant en leur main une très-riche couronne d'or garnie de pierres précieuses, & la mirent moult doucement sur le chef de la royne en chantant ces vers :

> « Dame enclose entre fleurs de lys,
> Royne eftes-vous de paradis,
> De France & de tout le pays.
> Nous remontons en Paradis. »

On ne pouvait être plus galant envers une reine qui ne devait pas tarder, comme récompense de cet accueil enthoufiafte, à livrer Paris aux factions & la France aux Anglais!

C'eft par ce chemin & par cette barrière que, le 3 mai 1814, venant du château du comte Potocki, à Saint-Ouen, — où il avait signé la fameuse *Déclaration* que vous savez, — sa ventripotente Majefté Louis XVIII fit, elle aussi, sous un arc de triomphe improvisé, son entrée solennelle dans sa bonne ville de Paris.

La journée était superbe. Le soleil, qui eft assez peuple pour se mettre de toutes les fêtes, & qui, ce jour-là, aurait dû se voiler de nuages épais en guise de crêpe, — le soleil ruisselait sur le cortége royal & éclaboussait de ses rayons insolents les uniformes de la plupart des vieux compagnons de Napoléon... Car ils y étaient presque tous, ces soldats de fortune : le maréchal Lefebvre, le maréchal Mortier, le maréchal Marmont, le maréchal Macdonald, le maréchal Ney, le maréchal Moncey, le maréchal Serrurier, le maréchal Brune, le prince de Neufchâtel, — tous ceux que l'empereur avait le plus aimés, tous ceux qui devaient le plus à l'empire, & qui avaient juré d'être fidèles jusqu'au tombeau à cette dynaftie sans laquelle ils n'eussent été rien, ni ducs, ni comtes, ni princes, ni maréchaux, ni généraux, rien — que de la chair à canon...

Donc ils étaient tous là, les loyaux serviteurs de l'homme qui, à la même heure précisément, s'acheminait vers l'exil. Ils caracolaient au-devant du carrosse royal avec la grâce & la bonne mine qu'ils avaient autrefois à caracoler autour du carrosse impérial, — avec moins de grâce & une moins bonne mine, cependant, que le duc de Grammont & le duc d'Havré, capitaines des gardes de Sa Majefté.

Quand Louis XVIII fut arrivé à la barrière de la Chapelle, il s'arrêta. Il était devant Paris, à la porte de Paris, mais il n'en avait pas les clefs, — que vinrent lui apporter, avec autant d'empressement que de respect, le préfet de la Seine, baron de Chabrol, le préfet de police, baron Pasquier, & le doyen des maires de Paris, un baron quelconque. M. de Chabrol fit un discours, M. Pasquier fit un discours, le doyen des maires fit un discours : Louis XVIII leur répondit, prit les clefs & franchit la barrière...

Jusque-là le peuple, contenu par les troupes, par les gendarmes & par les mouchards, s'était tenu tranquille. Il avait regardé passer le cortége dans l'ordre indiqué par le cérémonial : d'abord un détachement de la garde nationale à cheval & un détachement de troupes de ligne; puis les voitures des miniftres provisoires; puis celles de l'archevêque de Reims, grand aumônier de France; du duc de Duras, premier gentilhomme de la chambre; du comte de Blacas, grand maître de la garde-robe; du marquis de Dreux-Brézé, grand maître des cérémonies; puis celles du roi, de la duchesse d'Angoulême, du prince de Condé & du duc de Bourbon. Jusque-là il s'était tu par pudeur; mais en voyant caracoler, côte à côte, cuisse à cuisse, avec le comte d'Artois & le duc de Berry, aux portières du carrosse royal, les hommes qui avaient occupé les premières places dans les marches triomphales de l'empereur, son indignation éclata en sifflets. Le prince de Wagram, spécialement, fut l'objet de ses huées : « A l'île d'Elbe, Berthier ! à l'île d'Elbe ! » cria-t-il d'une voix sibilante qui dut s'abattre sur les joues du maréchal comme un soufflet. Le prince de Wagram enfonça l'éperon dans le flanc de son cheval, & disparut parmi la foule des laquais royaux où le poursuivit le cri populaire. Il dut mal dormir la nuit de ce jour-là. S. M. Louis XVIII, au contraire, & précisément à cause de cette réprobation qui saluait les hommes dont il possédait désormais le dévouement, dut entendre avec satisfaction le *Te Deum* qu'on lui chanta à Notre-Dame. On regrettait peut-être, dans quelques coins perdus de Paris, « l'Ogre de Corse ; » mais on ne l'en avait pas moins accueilli, lui, comme un libérateur ; on n'en avait pas moins mis, sur le piédeftal de la ftatue de Henri IV, son ancêtre :

> *Ludovico reduce*
> *Henricus redivivus.*

Un an après, le 8 juillet 1815, Louis XVIII, sorti précipitamment de Paris, y rentrait pour la seconde fois par cette barrière de la Chapelle, — mais, cette fois, « sans qu'aucun cérémonial eût été ordonné, » dit *le Moniteur*. Louis XVIII était un homme spirituel ; il comprenait qu'il eût été de mauvais goût de faire du tapage & de la poussière à propos de ce second retour, qui prouvait déjà suffisamment en soi qu'il avait été chassé. Au fond, peut-être eût-il préféré rentrer sans bruit aux Tuileries, comme le *capitaine Pamphile* d'Alexandre Dumas dans son navire, & certainement cela eût mieux valu. Cependant il dut se résigner à boire jusqu'à la dernière goutte l'inévitable discours de l'inévitable *comte* de Chabrol, & l'inévitable enthousiasme que lui avait préparé, tout le long de sa route, l'inévitable baron Pasquier. Sa voiture allait au pas, « traversant les flots d'une multitude ivre de joie & que personne ne songeait à éloigner. » Toujours bouffon, *le Moniteur !*

LA BARRIÈRE DE LA BOYAUDERIE

Les lecteurs délicats — qui veulent être respectés — me pardonneront la trivialité de ce titre, qui offense l'esprit autant que le regard ; mais, en vérité, je n'y puis rien, absolument rien. De ma vie je n'ai servi de parrain à personne, — & à cette barrière-là moins qu'à toute autre. Je n'étais pas né qu'il y avait longtemps qu'elle s'appelait ainsi.

Ce nom fâcheux, elle le devait à la rue qui venait aboutir devant sa grille, son dôme & sa guérite, & cette rue, à son tour, devait son appellation à une filature de boyaux qui y était établie depuis un grand nombre d'années. Établissement insalubre, digne du quartier où l'avait relégué l'enquête *de commodo & incommodo*, & dont les principales rues m'ont désagréablement remis en mémoire celles du quartier des Marolles, à Bruxelles. Tout vous y choque, les gens

& les choses, les arbres & les maisons ; tout cela a un air canaille qu'on s'explique quand on connaît la principale induſtrie de la Petite-Villette, mais qui ne vous en repouſſe pas moins. Les arbres ont la sanie, les maisons ont des ulcères, les pavés ont la gale, — sans doute par suite de leur voisinage avec l'hôpital Saint-Louis.

Et puis le vent qui souffle à travers la montagne apporte là des parfums qui n'ont rien de commun avec ceux de la maison Piver ou de la maison Lubin, — car ils viennent du Dépotoir & contiennent plus d'hydrogène sulfuré qu'il n'en faudrait.

Il paraît que tout cela n'eſt rien, comparé à ce qui était il y a une quinzaine d'années, avant qu'on ne songeât à transporter la grande voirie au milieu de la forêt de Bondy — qui, par parenthèse, eſt deſtinée à jouir éternellement d'une mauvaise réputation. Tout cela, ce sont des roses auprès de l'état dans lequel se trouvait autrefois ce malheureux quartier : jugez !

Le souvenir de Montfaucon pèse sur cet endroit, comme pèse sur la conscience universelle le souvenir des crimes légaux, monſtrueux, auxquels ses fourches patibulaires ont servi de dénoûment. Depuis le quatorzième siècle, que de gens branchés là, juſtement quelquefois, mais souvent injuſtement ! Enguerrand de Marigny, Gérard La Guette, Pierre Rémy, Macé de Mache, René de Siran, Jean de Montagu, Pierre des Essars, Jacques de Samblançay, Coligny...

Ah ! quelle page lamentable de notre hiſtoire évoque

ce nom d'honnête homme ! Les assassins catholiques du 24 août 1572 s'étaient contentés de l'égorger, &, une fois mort, de le précipiter sur les dalles de la cour de l'hôtel de Ponthieu : la foule, qui a parfois des appétits de louve & qui se vautre dans le sang comme dans son élément naturel, — quand ce n'eft pas la fange, — la foule, plus cruelle que Besme ne l'avait été, imagina de jouer au trophée avec cette boue humaine qui était l'amiral Coligny. Une superbe imagination, n'eft-ce pas ? La foule donc, mise en rut de férocité par l'odeur d'abattoir qui s'exhalait d'entre les pavés des rues, entra dans la cour de l'hôtel de Ponthieu, se rua avec des cris de corbeaux affamés sur le cadavre du vaillant capitaine, — qui, vivant, l'eût fait reculer d'un seul de ses regards, — s'y attela & le traîna par les ruisseaux de la ville pendant trois jours & autant de nuits. Puis, quand cette boue sanglante se fut désagrégée, quand il ne refta presque plus rien que le tronc de ce qui avait été Gaspard de Coligny, la foule traîna ce débris au gibet de Montfaucon, où elle l'accrocha, — comme fait un boucher d'un quartier de viande aux crochets de son étal, — & où elle refta une nuit encore à danser des farandoles, fatiguée, mais non rassasiée ! Après elle, derrière elle, féroce comme elle, — mais moins excusable, — la cour vint se repaître de cet effroyable spectacle, le roi Charles IX en tête, avec sa mère, la reine Catherine. On connaît sa réponse à ses courtisans qui faisaient les dégoûtés devant cette noble pourriture & essayaient de l'entraîner avec eux loin d'elle : « Le corps d'un ennemi sent toujours bon ! » Vitellius, du moins, pour avoir proféré cette exécrable phrase quinze cents ans avant lui, avait été précipité aux Gémonies. Charles IX, lui, mourut dans son lit royal, sous le plafond fleurdelisé du Louvre.

Près de Montfaucon, — situé à l'eft de la Petite-Villette, au pied des buttes Chaumont, entre Belleville & la Villette — était la grande voirie de Paris, à laquelle j'ai fait une rapide allusion tout à l'heure. C'eft là qu'on abattait les chevaux & qu'on *dépotait* toutes les voitures de vidange. Des chevaux, je n'en parlerai pas, le clos d'équarrissage étant maintenant à Aubervilliers. Des voitures de la compagnie Richer, je suis tenté d'en parler, pour citer un épisode du combat du 30 mars 1814 qui s'y rattache. Il eft d'une trivialité siniftre, — mais cela nous changera un peu, & fera contrafte avec l'épisode horrible de la Saint-Barthélemy cité plus haut.

Le 30 mars 1814, les Cosaques du comte de Voronzow étaient acculés au pied des buttes Saint-Chaumont par une barricade servie seulement par quatre hommes, — trois qui chargeaient les armes & un qui tirait. Celui qui tirait était *Bobèche,* un hiftrion qui avait plus de cœur, à lui tout seul, ce jour-là, que la moitié de Paris. Plus de cœur & d'adresse. A chaque coup de fusil, il *descendait* un chasseur de Voronzow. « Apprenant ce qui se passe là, — dit un récit contemporain, — un officier vient reconnaître les lieux avec une force imposante. S'apercevant que le parapet où s'appuyait un côté de la barricade eſt crevassé en plusieurs endroits, il charge une vingtaine de cavaliers de la tourner pour débusquer le tireur, & le peloton s'élance au galop par une des brèches du petit mur. Mais ce que l'officier avait pris pour un terrain solide n'était que la surface trompeuse des matières déposées là : de sorte qu'à peine engagés là-dessus les vingt cavaliers s'enfoncent & disparaissent. Dès lors l'officier change de taƈtique, & il eſt obligé, pour lever cet obſtacle, de le faire attaquer par la gauche, en passant par des cours & des jardins : alors seulement les hommes embusqués sont obligés de battre en retraite par les sentiers ardus qui sinuaient aux flancs des buttes. »

Vingt braves Cosaques qui ne s'attendaient guère, j'en suis sûr, à avoir la mort d'Héliogabale. Cependant ils étaient dans le pays de Vespasien...

LA BARRIÈRE DU COMBAT.

Une de celles dont le peuple à le plus volontiers gardé la mémoire.

Elle était située à l'extrémité de la rue Grange-aux-Belles & consiſtait en un simple bâtiment surmonté d'un dôme, ni plus ni moins que la barrière de la Boyauderie, avec qui elle partageait sororalement cette « décoration » à la Le Doux. Malgré cette pénurie architectonique, les Parisiens d'autrefois en connaissaient beaucoup mieux le chemin qu'on ne serait tenté de le supposer. Ce que les Parisiens aimaient dans les barrières, ce n'étaient pas les barrières, mais ce qui était en deçà — & surtout au delà.

Or, depuis l'année 1781, il y avait au delà de la barrière du Combat, d'abord sur la route de Pantin, puis un peu plus près, à l'angle de la rue de Meaux actuelle & en face de la rue Grange-aux-Belles, un cirque, — comme à Madrid. Seulement, à Madrid, ce spectacle a son grandiose & par conséquent sa poésie : à Paris, c'était tout simplement ignoble & grossier. Madrid a la loge de la Reine, où de blanches mains, toutes frémissantes d'enthousiasme, saluent & récompensent les toréadors victorieux. Madrid a son amphithéâtre émaillé d'écharpes de soie, de résilles d'or, de basquines de velours. Madrid a ses banderilleros & ses picadores, de vrais hommes & de vrais taureaux, — des taureaux de mort issus des troupeaux les plus fameux de l'Andalousie. Paris n'avait rien de tout cela. Son cirque n'était pas un cirque, sa *corrida* n'était pas une corrida, ses taureaux étaient le plus souvent des loups, des ours, des cerfs, des ânes & des bouledogues, qu'on pouvait voir s'éventrer pour la faible rétribution de 75 centimes aux troisièmes places, de un franc aux secondes & de deux francs aux « premières loges » — toujours vides.

Ces premières loges n'avaient pas toujours été dédaignées. Au début, la mode avait patronné cette parodie des jeux sanglants, mais ennoblis par le danger, du cirque de Madrid. De beaux messieurs & de belles dames n'avaient pas craint de braver les exhalaisons du lac Stymphale de l'Édilité & de venir assister à cette boucherie autorisée, — flattés, probablement, de la suprise qu'on leur ménageait chaque fois d'un « superbe feu d'artifice, » au milieu duquel, comme bouquet, on enlevait un *bull-dog*. Puis l'Autorité — qui a quelquefois souci de la moralité publique — avait fait fermer ce charnier qui, à la faveur des révolutions, avait rouvert de nouveau ses portes & de nouveau exhibé ses acteurs à quatre pattes. Mais, hélas! ce n'étaient plus que des *doublures,* — des cabotins au lieu de comédiens! Il eſt vrai que, si le public à deux francs avait désappris le chemin du boulevard du Combat, le public à cinquante centimes — les troisièmes ne coûtaient plus que cette modique somme — avait continué à abonder là, dimanches & lundis, pour assiſter à la lente agonie du vaillant Carpolin, un vieil ours qui avait résiſté à bien des assauts & qui, malgré sa muselière, se débarrassait encore assez facilement des grappes de mâtins pendus à son cuir couvert de cicatrices. On le mordait à beaux crocs, le vaillant Carpolin; mais il décousait à belles griffes les panses des molosses assez audacieux pour s'attaquer à lui. Et chaque fois que le sang coulait de part ou d'autre, chaque fois que le vieil athlète grognait de douleur ou que ses jeunes adversaires hurlaient de désespoir en perdant leurs entrailles sur le sable de l'arène, la foule applaudissait, joyeuse, comme à un calembour d'Odry ou à un mot de Frédérick Lemaître...

Pourquoi ce goût pour ce spectacle odieux? Pourquoi cette curiosité sauvage, — ou plutôt de sauvages? L'homme aime-t-il donc sérieusement à voir couler le sang? Voit-il rouge à de certaines heures, comme le Chourineur d'Eugène Sue? Le Parisien du dix-neuvième siècle n'aurait-il pas encore tout à fait rompu avec les traditions druidiques, & se ressouviendrait-il, par moments, qu'il eût l'héritier des hordes barbares descendues des plateaux de l'Asie? « A cette nouvelle qu'à telle heure le sang du Minotaure va couler, — dit Edgar Quinet à propos d'un combat de taureaux auquel il avait assisté, — à cette nouvelle, l'homme païen se réveille tout entier en sursaut; il recule en un moment de trois mille ans en arrière; il éprouve au fond du cœur une joie sauvage de rentrer, pour une heure, dans son antre de Centaure... »

Les spectateurs habituels de ce cirque fétide, fort heureusement supprimé en 1833, n'étaient pas, je l'ai dit, la fleur des pois de la société parisienne. Peut-être eût-on trouvé dans la poche de plus d'un la monnaie de mille francs en pièces d'or, parce que plus d'un matador de la boucherie venait là en sportsman; mais, à coup sûr, la monnaie d'un sentiment d'humanité, de délicatesse, on ne l'eût pas trouvée — même en gros sous. Cependant quelques artistes, quelques gens de lettres, amateurs du pittoresque dans l'horrible, allaient parfois donner un coup d'œil à ces Ribeira de ruisseau, qui faisaient contraste avec les Ribeira du Louvre.

Parmi ces dilettanti je dois citer un médecin original — à ce point de pousser l'originalité jusqu'à ne pas vouloir mourir comme tout le monde, mais à son heure & de sa main, — le docteur Aussandon, à propos duquel Labédollière raconte une anecdote que je me hâte de lui emprunter pour clore ce chapitre.

Charitable & désintéressé, Aussandon allait souvent dans les quartiers excentriques soigner de pauvres diables, à qui il laissait toujours de quoi acheter chez le pharmacien les ordonnances qu'il leur libellait; & comme il portait toujours, en son temps, des habits de soie brune qui eussent pu attirer sur lui l'attention de messieurs les rôdeurs de barrières, il se faisait ordinairement accompagner dans ses tournées par un bouledogue d'une taille respectable & d'une mâchoire plus respectable encore, qu'il avait accoutumé aux dangers en l'habituant à lutter avec les animaux du Cirque de M. Dussaussoy. Un jour, Aussandon assistait à une représentation extraordinaire donnée par le successeur de l'illustre Carpolin, un ours de la plus belle venue, après lequel on avait lâché une meute de mâtins de tous poils. « Son bouledogue, excité par les aboiements, par les hourras, par les acclamations des garçons bouchers, se précipite & veut mordre le museau du terrible carnassier ; celui-ci le saisit au passage avec ses griffes acérées & approche de sa gueule béante le chien qui se tord dans les convulsions d'une résistance désespérée. Alors, chose inouïe ! dont on a longtemps causé dans les faubourgs, un homme culbute ses voisins, escalade les banquettes, saute par-dessus la balustrade & va droit à l'ours ! C'est Aussandon qui vient au secours de son chien. L'ours laisse tomber sa proie. Aussandon a atteint le but qu'il se proposait : il bat en retraite; mais la monstrueuse bête le poursuit, se dresse sur son séant, étend ses deux pattes velues & serre contre sa poitrine l'imprudent agresseur... Celui-ci sent la respiration lui manquer & des ongles terribles lui entrer dans la chair. Par un effort herculéen, il se retourne, enfonce le pouce dans l'orbite de l'ours & lui arrache l'œil droit. L'homme & la bête tombèrent côte à côte... »

J'ai respecté votre récit, mon cher Labédollière, je n'en ai pas changé une panse d'a : mais là, voyons, entre nous, eſt-ce qu'il ne vous semble pas, comme à moi, un peu... fabuleux ? Songez donc, je vous prie : Aussandon n'eſt pas mort vieux ; on a supprimé le Combat en 1833, & puis — les ours les plus bénins étaient muselés. C'eſt égal, votre récit eſt intéressant & je vous remercie de m'avoir fourni l'occasion de le citer. *Si non e vero...*

LA BARRIÈRE DE LA CHOPINETTE

Elle était située à l'extrémité de la rue du Buisson-Saint-Louis & consiſtait en un bâtiment à arcades & à colonnes d'un ſtyle digne en tous points des autres bureaux de barrières. Son nom, qui saute au nez, on devine qu'elle le devait à sa proximité des guinguettes populacières où les Parisiens venaient fêter la saint Lundi en chopinant théologalement, — c'eſt-à-dire en mettant pintes sur chopines & chopines sur pintes.

Je n'en parlerais pas plus longuement, ces frairies dyonisiaques n'en valant pas la peine, si ce n'était pas pour moi une occasion de parler des buttes Saint-Chaumont, en laissant de côté l'un des nombreux épisodes de l'épisodique journée du 30 mars 1814, dont elles ont été le théâtre & que j'ai mentionné tout à l'heure à sa place naturelle.

Paris, qu'un écrivain chagrin a appelé « ville de boue & de fumée, » eſt surtout une ville de plâtre &

de moellons. Ses habitants, gens sceptiques qui ne croient guère à l'éternité, & disent volontiers, comme Louis XV : « Après nous, le déluge ! » — ses habitants ne tiennent pas à ce que leurs maisons durent plus longtemps qu'eux, mais seulement autant qu'eux. C'eft pour cela qu'ils improvisent en quarante-huit heures des « immeubles » qui ne tiendraient pas une heure sur les côtes de France, par les vents d'équinoxe. La pierre de taille, c'eft trop lourd, — & trop cher. Le plâtre, à la bonne heure ! Parlez-moi du plâtre ! Cela vous a de l'œil, c'eft léger, cela se prête à tous les caprices de la décoration, — & puis ce n'eft pas cher !

Voilà donc une soixantaine d'années qu'on demande aux environs de Paris de quoi loger les Parisiens, — à la plaine de Montrouge ses moellons, aux buttes Chaumont ses bancs de gypse. Je ne sais pas si la plaine de Montrouge a encore beaucoup de pierre dans le ventre ; ce qui eft certain, c'eft que les buttes Chaumont sont épuisées, ou à peu près, & que leurs trois carrières, qui occupaient un millier d'ouvriers & produisaient annuellement dans les environs de 150,000 mètres cubes de plâtre, sont sur le point de mettre la clef sous la porte : leurs flancs, fouillés à d'immenses profondeurs, & jusque-là d'une étonnante fécondité, sont désormais frappés de ftérilité : l'édilité songe à faire de ces buttes gypseuses un square gigantesque deftiné à la récréation des habitants du dix-neuvième arrondissement.

Bientôt cette gibbosité, sœur de Montmartre, aura disparu, & son aspect d'autrefois sera un mythe pour les Parisiens qui font en ce moment leurs dents de lait. Quand on l'aura bien nivelée, ils ne voudront pas croire à son existence, & leur parler de la butte Chaumont & de sa voisine la butte Beauregard, ce sera leur parler du mont Aventin ou de tout autre mont de la ville aux sept collines. Nous-mêmes, d'ailleurs, les pères de ces futurs Parisiens, nous aurions grand'peine à nous y reconnaître, si nous ne nous aidions pour cela des souvenirs de nos anciens qui ont vu tourner à cet endroit plus de moulins que n'en eût pu combattre le courageux Don Quichotte : le *Moulin de la Folie* & le *Moulin des Bruyères*, le *Moulin du Coq* & le *Moulin de la Tour*, le *Moulin du Coffre* & le *Moulin de la Motte*, le *Moulin de la Carosse* & le *Moulin des Chopinettes*, le *Vieux Moulin* & le *Petit Moulin*, le *Moulin Basset* & le *Moulin endiablé*, & d'autres encore désignés sur le grand plan de Roussel & sur les plans qui ont copié celui-là. Moi-même, qui cent fois ai gravi ces pentes de plus en plus adoucies, il y a des heures où je me refuse à comprendre comment une poignée d'hommes a pu tenir tête là, pendant près d'une journée, à une partie de l'armée prussienne. Montmartre s'appelle le *Mont des Martyrs* : la butte Chaumont devrait s'appeler le *Mont des Héros*.

La barrière de la Chopinette, qui avait eu une fois déjà — & c'était trop — l'humiliation de voir les chevaux des Cosaques déchirer l'écorce de ses arbres, eut une seconde fois cette douleur le 5 juillet 1815. Et non-seulement les Cosaques, mais encore les Anglais, — les habits rouges, exécrés, heureux de compléter Waterloo & de prendre en un seul jour leur revanche de Taillebourg & de Patay, de Fontenoy & d'Ouessant, de Hondschoote & de Quiberon. Aussi les outrages ne nous manquèrent pas, & notre orgueil national saigne toujours! Mieux eût valu pour nous n'avoir jamais été victorieux sur aucun champ de bataille étranger : nous n'aurions pas eu la honte d'être vaincus sur notre sol natal.

LA BARRIÈRE DE BELLEVILLE

Ce n'eſt pas pour rien que la vigne — une vigne plantureuse — a rougi de ses pampres & doré de ses grappes les coteaux primitifs qui descendaient vers Paris. Je ne sais pas — & les autres l'ignorent comme moi — à quelle époque elle eſt venue s'épanouir là, si c'eſt avant César ou après Probus, grâce aux Romains ou grâce aux Gaulois. Ce que nous savons, c'eſt que le vin — « ce fils sacré du Soleil » — était connu & apprécié comme il méritait de l'être par les premiers habitants du premier Paris, & je ne serais pas éloigné de croire que ce fut la purée septembrale qui décida Julien l'Apoftat à prolonger son séjour dans sa « chère petite Lutèce, » comme il l'appelle dans son *Misopogon*.

Les Parisiens ont toujours aimé le vin ; ils l'aimeront toujours, en dépit de l'oïdium-Tuckeri & de tous les oïdiums à naître. Ils l'aimaient surtout autrefois, avant l'introduction de la bière aux pâles couleurs. Ils l'aimaient, d'abord parce que c'eft un cordial puissant, le réparateur souverain, — ensuite, parce qu'alors il ne coûtait pas cher.

Quatre sols la pinte ! Et non-seulement les vins de Suresnes, d'Argenteuil, de Sannois, de Cormeilles & de cent autres vignobles parisiens, mais encore les vins de la Bourgogne, du Roussillon & de l'Orléanais. Aussi quelles repues franches, quelles franches lippées après six jours d'abftinence, — six mortels jours d'eau claire & de pain sec ! Les guinguettes des fauxbourgs, les cabarets hiftoriques des barrières n'ont pas eu d'autre origine. Ajoutez à cela que, si les Parisiens aimaient « la dive bouteille, » les Parisiennes raffolaient de la danse, & vous aurez le mot de la vogue des *Porcherons* & de la Courtille.

La Courtille ! *Ramponneau !* Quels souvenirs tiennent dans ces deux noms ! Je ne parle pas de la Courtille d'hier, aussi crapuleuse que celle d'aujourd'hui eft maussade ; je parle de la Courtille du *bon temps*, — la Courtille du temps de Louis XV.

Je ne sais pas s'il y avait un roi au Louvre ou à Versailles ; je l'oublie pour un inftant. J'oublie la

France officielle, le Paris politique, pour ne regarder que la France en gaieté, que Paris grisé de folie, empourpré de vin, — le Paris peuple, le Paris pauvre, le Paris qui vient railler de son gros rire la misère, les soucis, les tailles, les gabelles, les courtisans, les miniſtres, les favorites, sous les tonnelles de la Courtille, devant les treilles odorantes du cabaret de Jean Ramponneau, au son des violons, des flûtes, des musettes, de tous les inſtruments de bonne volonté & de bonne humeur.

Ah! le cardinal Dubois eſt mort sans recevoir les sacrements! Ah! c'eſt la marquise de Prie, la fille d'un traitant, qui gouverne l'État! Ah! l'on veut marier Louis XV à la fille de Stanislas Leczinski, roi sans royaume! Ah! l'on parle encore de la bulle *Unigenitus* & des Janséniſtes! Ah! le Parlement refuse d'enregiſtrer! Ah! les Jésuites, qui ont conspiré en Portugal, d'où on les a chassés, conspirent encore en France, d'où un édit va les chasser tout à l'heure! Eh! que diable voulez-vous que tout cela nous fasse, à nous, les gens d'en bas, les gens que vous écrasez quand vous marchez, les gens que vous volez le plus que vous pouvez?... Nous aimons la France, certes, mais nous ne vous aimons pas du tout! Nous préférons les réjouissantes senteurs des lèchefrites, les joyeux glouglous des bouteilles, les entraînements de la danse, les ivresses du vin! Vive Ramponneau! il a trouvé moyen de vendre le vin un sou de moins que ses confrères, — trois sols six deniers la pinte; c'eſt rare, c'eſt honnête, c'eſt beau, c'eſt grand : vive Ramponneau !

Voilà un personnage ! Il fit autant de bruit qu'une bataille, dans son passage en ce monde. Le peuple l'avait adopté, il n'en voulait pas d'autre, & il lui importait peu que le révérend père Lavalette fît faillite, pourvu que le ventripotent cabaretier de la Courtille ne lui fît pas banqueroute. On en parlait partout, — & même ailleurs, — de ce Ramponneau, dans les ruelles & dans les cercles, au petit lever des duchesses & au petit coucher des comédiennes : au point que tout ce beau monde, si frivole & si désœuvré, oubliait la disgrâce de M. de Choiseul & son exil, pour songer un peu à cette Courtille qui faisait tant de bruit & à cette canaille qui s'y gaudissait de si bon cœur.

Il n'en faut pas tant pour enrichir un homme. Jean Ramponneau devint bientôt riche. La ville & la cour firent queue à son cabaret, — où les mousquetaires trinquaient avec des marquises déguisées en ravaudeuses, où des grisettes laissaient soupirer à la porte de leur cœur des ducs & pairs déguisés en clercs de procureurs. Les princes mêmes y vinrent pour s'encanailler un peu, pour voir de près ces passions populaires en ébullition, qu'ils ne connaissaient que de loin, par les racontages enthouſiaſtes de leurs inférieurs. Ramponneau les reçut en roi & les traita comme ses sujets : cela leur apprit l'égalité, — dont ils ne soupçonnaient pas l'exiſtence.

Ramponneau mourut, mais sa réputation lui survécut, — puisque la barrière de Belleville a porté son nom, — & l'on continua comme par le passé à aller boire & danser à la Courtille, malgré les révolutions, malgré les épidémies, malgré l'invasion, malgré tout. La preuve, si j'en avais besoin d'une, je la trouverais dans ce passage de la *Vie publique & privée des Français*, de Legrand d'Aussy, continuée par une Société de gens de lettres, et publiée en 1826 :

« Nous voici arrivés à la fameuse Courtille, par laquelle, entre cent guinguettes, on arrive sur la hauteur de Belleville. Dans cette large & longue rue, empire éternel de la joie, on diftingue la grande guinguette de l'immortel Desnoyers, & quelques autres dont les salles immenses se remplissent l'hiver de milliers de familles, & les jardins, en été, de danseurs & de danseuses qui n'ont pas reçu les leçons des professeurs du Conservatoire. Là il n'eft queftion ni des Grecs, ni du 3 p. 100, ni des Jésuites, ni de l'Espagne, ni de la Sainte-Alliance, ni de la République d'Haïti. On n'y songe qu'à bien boire, à bien manger, à danser, etc.... C'eft un spectacle vraiment curieux dans la soirée d'un beau dimanche du printemps ou de l'été. Tout eft confondu dans la rue de Paris, depuis la barrière jusqu'auprès de l'entrée du bourg. Ouvriers, bourgeois, militaires, hommes décorés, femmes en bonnet, femmes en chapeau, marchands de fruits, de petits pains, tout circule, tout monte ou descend confusément, sans se presser, sans se heurter; & chacun cherche, sans être troublé, l'enseigne de la guinguette où l'on vend du bon petit vin à dix ou douze sous le litre, ou quinze sous la bouteille, du bon veau, de l'excellente gibelotte de lapin, de l'oie, soit en daube, soit rôtie, etc.

« En entrant dans les grandes guinguettes, on eft d'abord frappé de la quantité de ragoûts & de rôtis qui garnissent un long & large comptoir, & de l'activité prodigieuse de plusieurs femmes de service & de deux ou trois cuisiniers; sous une vafte cheminée, trois ou quatre broches, les unes sur les autres, chargées de dindons, de poulets, de longes de veau, de gigots de mouton, tournent incessamment devant un grand feu dont la chaleur se fait sentir au loin. A quelque distance de là, le vin coule à grands flots des brocs dans les bouteilles, dont une n'eft pas plutôt remplie qu'elle eft remplacée par une autre. Au milieu de cette affluence d'acheteurs, les personnes qui débitent les comeftibles & le vin conservent un sérieux imperturbable, une présence d'esprit comparable à celle d'un bon général d'armée. C'eft à la Courtille que se donnent presque tous les repas de noces de la petite bourgeoisie, des petits marchands & des ouvriers des quartiers de la capitale qui avoisinent cette barrière, & même de ceux qui s'étendent jusqu'à la rive droite de la Seine. »

Le tableau a été ressemblant, mais il ne l'eft plus. Desnoyers, « l'immortel Desnoyers, » a disparu comme avait disparu « l'immortel Ramponneau. » La Courtille n'eſt plus que l'ombre d'elle-même, & n'étaient les souvenirs joyeux qu'elle rappelle, elle ne mériterait guère plus qu'une autre barrière une mention honorable dans ce petit livre. Sa décadence a commencé le jour où l'on a coupé les lilas de Romainville & planté des maisons dans les prés Saint-Gervais. C'était le Longchamp dominical du peuple, cette rue de Paris qui va de la rue du Faubourg-du-Temple jusqu'au sommet de Belleville, — un Longchamp qui, le Mercredi des Cendres de chaque année, devenait une débauche crapuleuse connue de l'Univers sous le nom de *Descente de la Courtille.* On continuera à monter à Belleville, mais j'espère qu'on ne descendra plus de la Courtille.

Tout ce que je regrette, c'eſt l'*Ile-d'Amour* & le *Moulin de la Galette,* les groseilles à maquereau de Belleville & les lilas de Romainville, — autant de souvenirs d'enfance & de jeunesse bons à respirer encore, quoique un peu éventés.

> Je les ai chantés quelque part,
> Ces souvenirs de ma jeunesse
> Qui, jusqu'à l'heure du départ,
> Me tiendront le cœur en liesse.
>
> Parlez, pédants vêtus d'ennui ;
> Prêchez, quakers ; riez, coquettes :
> Je n'entends plus rien aujourd'hui,
> Mais là, plus rien ! de vos sornettes.
>
> Je n'ai d'oreilles désormais
> Que pour les voix, de pleurs mouillées,

Qui me disent combien j'aimais
Toutes les choses oubliées...

Par dédain de notre Présent
Et de l'Avenir (un mensonge!)
Comme en un Léthé bienfaisant,
Dans le Passé je me replonge...

LA BARRIÈRE DE RIOM

A celle-là je ne donnerai que bien ſtriƈlement ce que je lui dois, — un salut. Ce n'eſt pas parce qu'elle n'était « décorée d'aucun monument d'architeƈture, » c'eſt tout simplement parce qu'elle n'eſt pas le moins du monde intéressante.

Les agents voyers l'appelaient *Barrière de Riom* parce qu'elle était située à l'extrémité de la rue de ce nom, qui devint plus tard la rue de l'Orillon, — ce qu'elle aurait dû être d'abord, puisqu'elle conduisait, dès le commencement du dix-huitième siècle, à la *Ferme de l'Orillon* indiquée sur le plan de Roussel.

Mais le peuple, qui éprouve le besoin de débaptiser les gens & les choses, l'appelait *Barrière Ramponneau*, en souvenir du fameux cabaretier qui eut l'honneur d'avoir pour avocat — gouailleur, — dans son procès avec le sieur Gaudron, le même homme que les

Sirven & les Calas avaient eu pour avocat indigné, Arouet de Voltaire. Ramponneau avait tort, mais l'esprit a toujours raison en France, & le sieur Gaudron perdit un procès qu'il aurait dû gagner, — s'il y avait eu des juges à Berlin. A ma première cause, je me ferai défendre par Léon Gozlan, — un maître.

LA BARRIÈRE DES TROIS-COURONNES

Elle était située à l'extrémité de la rue du même nom, & confiftait en un bâtiment avec arcades & colonnes. Ce nom, rue et barrière le devaient à l'enseigne d'un des nombreux cabarets voisins : l'*Élysée*, la *Folie-Raison*, le *Jardin du Delta*, etc., cabarets, c'eft-à-dire guinguettes, où l'on buvait un petit *guinguet* — transformé plus tard en *ginglet*, puis en *jinglard* — qui faisait immédiatement entrer en danse les jambes & le cœur des buveurs & des buveuses. Et gai, gai, gai, la faridondaine ! Et gai, gai, gai, la faridondé ! Il n'y a rien de tel que la douleur pour vous donner envie de vous amuser : il n'y a rien comme le travail pour vous faire aimer le plaisir.

C'était là, à cette barrière des Trois-Couronnes, dans ce *Jardin du Delta*, — « où de fraîches jeunes filles, trompant la surveillance de leur mère, venaient gaiement s'exposer aux dangers de la séduction, » raconte un écrivain du temps, — que, il y a une vingtaine d'années, se trouvaient les fameuses *Montagnes françaises*, d'où dégringolaient tant de fragiles vertus en bonnet, côte à côte avec d'audacieux commis de nouveautés, vulgairement appelés *calicots*. Tous les dimanches, grande fête invariablement couronnée par un feu d'artifice « superbe » — comme tous les feux d'artifice. Les *Montagnes françaises* ont disparu avec les grisettes & les calicots; le *Jardin du Delta* a eu le sort de Tivoli & de Beaujon : une rue nouvelle l'a coupé en deux.

LA BARRIÈRE DE MÉNILMONTANT

Celle-là vaut un peu mieux.

Elle était située à l'extrémité de la rue du même nom, & se composait, comme décoration, de deux bâtiments ayant chacun trente-deux colonnes avec arcades. Elle conduisait au village de Ménilmontant — qui s'était appelé *Mesnil-le-Maudan* — où vinrent s'installer, au lendemain de la Révolution de 1830, les disciples du comte Henri de Saint-Simon, tant raillés par M. Louis Reybaud & par d'autres Reybaud de grand & de petit format, les uns plus ou moins spirituels, les autres plus ou moins bêtes...

Tous les efforts humains, même inaboutis, me touchent profondément, je l'avoue. Toutes les proteſtations de l'intelligence, même celles qui vont au delà des colonnes d'Hercule de la raison, me trouvent respectueux, — quand elles ne me trouvent pas enthousiafte. Je ne sais pas assez ce qu'une idée peut cacher de fécond en elle, dans l'avenir, pour me permettre de la railler, — même d'un sourire. Je regarde, j'écoute, j'essaye de comprendre, de deviner ; & si ma conscience me crie, comme mes yeux, que je ne suis pas en face de charlatans, mais d'hommes de bonne foi & d'esprits chercheurs, je m'incline, & souvent j'applaudis. La foule condamne, parce qu'elle eft foule, — c'eft-à-dire troupeau ; mais j'ai l'habitude d'en appeler de ses arrêts à ceux des privilégiés de l'intelligence, à ceux des nobles penseurs qui cherchent persévéramment chaque jour à rapprocher de plus en plus l'homme de Dieu, afin de les faire communier ensemble plus intimement & plus grandiosement, — Chriftophe Colomb de la vieille société en quête d'une Amérique plus hospitalière aux tentatives de réforme & aux expériences de bonheur. La foule a hué les Saint-Simoniens ; mais des écrivains de talent, de conscience & de cœur les ont dessouillés de cette boue par leur eftime.

Je n'oublie pas, d'ailleurs, que la foule a ricané devant le Chrift lorsqu'il allait au Calvaire, — qu'elle a laissé torturer Galilée, bannir Dante, brûler Savonarole, Jean Huss, Jérôme de Prague & tant d'autres martyrs dont la lifte eft lamentablement longue. Car le champ de l'Humanité, à peine ensemencé, a vu des apôtres nombreux, & dévoués jusqu'à la mort, y tracer de rudes sillons, d'où le grain n'eft sorti qu'après de pénibles attentes. Combien de ces illuftres inconnus, qui avaient à un si haut point la conscience des vérités morales, — « cette évidence du cœur » qui ne s'égare jamais, — combien sont morts que nul n'a regrettés, que nul n'a encouragés & soutenus! Combien, martyrs obscurs, expièrent dans les larmes & dans les tourments l'irrémissible crime d'aimer Dieu dans sa créature, vouée aux terribles labeurs & aux sueurs de sang! On ne soupçonne pas ce que cette fournaise ardente du devoir & du dévouement a dévoré de vaillantes intelligences & englouti de vaillants cœurs, épurés à son contact comme l'or dans la coupelle...

Étrange deftinée, n'eft-ce pas, que celle de la pensée humaine & de l'idée philosophique? Voyager toujours à travers les mondes entre ces deux écueils également désaftreux : le Charybde de l'Indifférence & le Scylla de l'Oppression! Étrange, mais surtout douloureuse deftinée, — peu faite pour tenter les âmes vulgaires & les petits esprits.

Mais il en eft de l'Idée comme des planètes : si elle a ses éclipses, elle n'en reparaît pas moins lumineuse; elle n'en reprend pas moins, à une heure donnée, son cours régulier, normal, logique, sa marche irréfiftible & souveraine. Voilà pourquoi je m'incline, respectueux & attendri, devant tous les efforts, toutes les tentatives, tous les essais & tous les rêves.

« Vieux soldats de plomb que nous sommes,
Au cordeau nous alignant tous,
Si des rangs sortent quelques hommes,
Tous nous crions : A bas les fous!

On les persécute, on les tue,
Sauf, après un lent examen,
A leur dresser une statue
Pour la gloire du genre humain. .
. . . .
Qui découvrit un nouveau monde?
Un fou qu'on raillait en tout lieu.
Sur la croix que son sang inonde
Un fou qui meurt nous lègue un Dieu.
Si demain, oubliant d'éclore,
Le jour manquait, eh bien! demain
Quelque fou trouverait encore
Un flambeau pour le genre humain! »

Fou! Ah! tout au rebours du vieux roi Lear, je m'écrierai volontiers : « Mon Dieu! faites-moi la grâce d'être fou!... »

Mais me voilà bien loin de Ménilmontant & de la retraite qu'y avaient choisie les Saint-Simoniens après 1830.

Ce n'était pas la première fois que l'Idée consentait, pour ainsi dire, à se faire chair & action, & cette tentative n'avait en soi rien d'anormal & d'extravagant. La philosophie a toujours semé sa parole là où elle a pu, dans les foules & dans les solitudes, sur les grandes routes & au bord des mers ; toujours elle a eu ses jardins, ses académies, ses portiques, ses collines, ses fleuves : Ménilmontant fut son cap Sunium.

Cela ne dura pas, quoique cela pût durer, — malgré l'autocratie parfois trop russe du Père Enfantin, que ses prédicateurs d'office, Abel Transon, Laurent, Édouard Charton, Émile Barrault, appelaient *la Loi vivante*, — malgré aussi la *femme-Messie*, — malgré enfin quelques autres puérilités qui sentaient trop l'homme. Cela ne dura pas. Le schisme s'introduisit dans la doctrine, qui eut immédiatement des séparatistes, à la tête desquels Bazard. Après le schisme, la cour d'assises, où le *Père suprême*, dit *la Loi vivante*, fut condamné, le 28 août 1832, à un an de prison & cent francs d'amende; puis, après la condamnation, l'oubli. Oui! le vent de l'indifférence balaya les autels de cette religion pittoresque, & les apôtres de Saint-Simon abandonnèrent pour toujours la verte colline où ils avaient planté leurs tentes, — en emportant, comme Anchise, leurs dieux sur leurs épaules...

J'ai souvent gravi cette colline, rêvant aux gens disparus & aux schismes évanouis. J'ai été frapper à la porte, close désormais, de ce Paraclet philosophique, aujourd'hui morcelé, transformé, & toujours je me suis demandé pourquoi les Saint-Simoniens avaient été choisir cette rue tumultueuse, bordée de cabarets comme la *Barque à Caron*, les *Barreaux Verts*, le *Grand Balcon*, le *Lever de l'Aurore*, les *Armes de France*, etc. Un pareil voisinage devait exercer une influence fâcheuse. Quand on travaille à l'émancipation de la race humaine, il ne faut pas vivre dans son contact permanent; quand on cherche les moyens de purifier l'atmosphère morale d'une société, il ne faut pas respirer le même air qu'elle. On ne fonde, d'ailleurs, rien de grand, de bon, d'utile, de durable que dans la solitude. Les Pères avaient les Thébaïdes.

A peu près à la même hauteur que la communauté saint-simonienne eſt un ancien hôtel du dix-huitième siècle, transformé en hospice d'orphelins, où vivait un solitaire d'une autre sorte, le *Solitaire de Belleville*, l'auteur applaudi de la *Chercheuse d'esprit*, le mari de la belle mademoiselle Duronceray, que courtisait le trop galant maréchal de Saxe. J'ai nommé Favart.

Une anecdote connue, mais qui se trouve tout naturellement au bout de ma plume & qu'il m'eſt impossible de ne pas citer, c'eſt celle qui concerne le vainqueur de Fontenoy, amoureux — je ne dis pas amant — de madame Favart. Maurice de Saxe la poursuivait de ses assiduités compromettantes jusque sur les hauteurs de Ménilmontant, dans la retraite choisie par son mari. Un jour qu'il s'y rendait, l'esprit en belle humeur, un des fers de son cheval se perd en route; il s'en aperçoit, & mettant aussitôt pied à terre, il s'adresse à un maréchal ferrant dont la forge était située à la place où devait être un jour la barrière qui n'y eſt plus. — « Un fer, bonhomme ! » dit-il. Le forgeron, sans savoir qu'il s'adresse à un maréchal comme lui, — un peu plus noble que lui, cependant, — lui donne inſtinctivement du Monseigneur, tout en prenant exactement mesure du pied de son cheval. Au moment où il va mettre le fer au feu, Maurice de Saxe le retient, en disant : — « Un inſtant, bonhomme ! Tu me fournis là de mauvaise marchandise. Tiens ! » Et prenant le fer entre ses mains, il le casse en deux morceaux qu'il jette ensuite au rebut. Un second fer a le même sort, un troisième aussi. Le vainqueur de Fontenoy, qui était fier de faire étalage de sa force extraordinaire devant un ouvrier, allait continuer; le forgeron l'en empêcha : — « Pardon, monseigneur, lui dit-il; je sais ce qu'il faut pour que monseigneur trouve le fer à son goût... » Et s'emparant du fer qu'allait casser Maurice de Saxe, il le met au feu, souffle, &, lorsqu'il eft suffisamment rouge, le lui présente : — « Si le cœur vous en dit à présent, monseigneur?... » Le conquérant de la Courlande, qui ne tient pas à se brûler les doigts, refuse, laisse l'ouvrier achever sa besogne, &, pour le récompenser, lui donne un écu de six livres. — « Votre écu ne vaut rien, monseigneur, » dit en goguenardant le forgeron, qui avait cassé la pièce en deux morceaux comme Maurice de Saxe le fer à cheval. — « Diable ! » fait celui-ci en fournissant un second écu qui a le sort du premier, puis un troisième qui a le sort du second. — « Bien joué ! s'écrie le comte émerveillé de rencontrer une force égale à la sienne; bien joué, mon ami! C'eft me rendre la monnaie de ma pièce ! » Et pour ne pas être trop puni de sa fanfaronnade, qui en effet aurait pu lui coûter cher, si le forgeron eût continué à casser en deux & à jeter à la ferraille tous les écus qu'il lui présentait, il lui donna une pièce d'or d'un petit module, par conséquent d'une prise difficile, — & s'en alla au galop de son cheval referré.

Un rude compagnon, n'eft-ce pas, ce maréchal ferrant de la Chaussée Ménilmontant? Et comme l'on s'explique la prise de la Baftille & la chute de la monarchie! Rien ne résiste à des *poignes* comme celle-là.

LA BARRIÈRE DES AMANDIERS

On ne pouvait trouver un nom plus fleuri pour un [v]oisinage plus mélancolique : c'eft à vous donner envie [d]'aller vous faire enterrer tout de suite. Car, personne [n]e l'ignore, cette barrière — qui venait immédiate[m]ent après celle de Ménilmontant & dont les deux [p]etits pavillons avaient été reconftruits en 1837 par [l]'architecte Jay — était située en face de la terrasse [d]u Père-Lachaise, qui occupe tout un côté du bou[le]vard & dont une longue file de tombeaux coquets & [e]mpanachés de verdure semble faire des appels aux [p]assants.

Appels rarement entendus, frais de séduction pres[q]ue toujours perdus! Les passants passent rapide[m]ent, heureux de vivre en pensant qu'il y a là un [p]euple entier de morts auxquels ils comptent bien ne [s]e mêler que le plus tard possible; ils passent &, dans leur joie puérile d'être encore de ce monde quand tant de gens — & de braves gens — n'en sont plus, ils vont s'inftaller sous les gloriettes des cabarets qui confinent au cimetière. Jamais le vin ne leur a paru aussi bon!

C'eft une tradition païenne que ces libations faites sur les cercueils, & qu'on ne trouve pas du tout indécente, — tant on a une morale facile en ce « plaisant pays. de France! » On vient d'enterrer un ami, un parent, quelqu'un de cher, une partie de soi-même, — la meilleure presque toujours : au lieu de s'en revenir vite chez soi pour y cacher ses larmes, on se laisse prendre le bras par des indifférents qui ont « perdu leur journée » & veulent l'employer d'une façon guillerette; on se laisse entraîner par eux dans un des nombreux *débits de consolation* qui ont poussé autour du cimetière comme des champignons autour d'une planche pourrie, — & l'on boit, & *l'on se console!* Il faut bien noyer ses chagrins, — quitte à voir apparaître, plus menaçants, ceux d'entre eux qui savent nager...

Ah! si les morts savaient combien peu ils sont regrettés, combien vite ils sont oubliés, ils ne voudraient jamais se laisser enterrer!

Son nom, la Barrière des Amandiers, le devait à la rüe qui vient aboutir en cet endroit, — un chemin sinueux, ondoyant & divers à la fin du siècle dernier, une voie régulière & monotone depuis le commencement de celui-ci. Singulière fée, l'Édilité ! Sous prétexte de nettoyer & d'embellir, elle gâte & enlaidit. J'aimais mieux les viettes d'autrefois, qui s'en allaient de guingois, avec mille zigzags, compromettants peut-être pour leur dignité, mais amusants au possible ; elles avaient de la boue parfois, des ornières, de la poussière, toutes sortes d'inconvénients, mais je n'en raffolais pas moins, — parce qu'elles conduisaient toujours, à travers champs, à quelque Moulin de la Galette, vers quelque gai cabaret aux barreaux verts, où l'on buvait du vin plus vert encore.

Je les ai suivis, ces chemins,
D'abord tout seul, dans mon enfance,
Puis à deux, mes mains dans les mains
De je ne sais plus quelle Hortense.

Infidèle, t'en souviens-tu ?...
A défaut d'autres, la mémoire
Peut passer pour une vertu...
Si je racontais ton histoire ?....

Mais à quoi bon ? Le merle blanc
Des femmes est encore à naître ;
Faut-il donc s'en percer le flanc
Ou s'en jeter par la fenêtre ?...

Si l'une me trompa jadis,
Depuis j'en ai trompé vingt autres,
Ou sinon vingt, pour le moins dix...
Mes trahisons valent les vôtres !

Nous sommes quittes désormais,
Chère âme que j'ai méconnue !
Vous m'aimiez et je vous aimais...
Ah ! si vous étiez revenue !

LA BARRIÈRE D'AUNAY

Celle-là était fermée longtemps avant la suppression officielle des barrières, parce qu'on avait reconnu sa parfaite inutilité. C'était une brave vieille fille qui, depuis l'heure de sa naissance jusqu'à celle de sa retraite, n'avait jamais trouvé l'occasion de faire parler d'elle, en bien ou en mal, regardant chaque passant comme un événement & ne songeant qu'à faire dévotement son salut en remâchant les deux versets de psaume gravés sur le portail du cimetière du Père-Lachaise, son voisin d'en face :

Spes illorum immortalitate plena est.
Qui credit in me, etiamsi mortuus fuerit, vivet.

Elle s'était appelée, à l'origine, *Barrière de la Folie Regnault*, puis *Barrière Saint-André;* son troisième nom lui venait de sa proximité de la Ferme d'Aunay, depuis longtemps disparue. Maintenant elle ne s'appelle plus du tout. Ce qui la recommande un peu à notre attention, c'eft aussi sa proximité de l'ancienne *Folie-Genlis*, qui se trouvait en deçà d'elle, vers le numéro 38 ou 40 de la rue des Amandiers-Popincourt. Cette *Folie*, dont il refte encore quelques pierres & quelques arbres, avait commencé par être la petite maison du comte de Genlis, un aimable libertin; elle finit par être celle de Stéphanie-Félicité Ducreft de Saint-Aubin, sa femme, une aimable libertine aussi, — mais plus prude que les femmes légères ne se donnent la peine de l'être. Vous connaissez cette *authoress*, qui préludait à tant d'œuvres indigeftes à force d'être bourrées de morale, en courant les champs vêtue en Amour couleur de rose avec le cordon rouge & la croix émaillée de chanoinesse; ce *bas bleu* qui criait au scandale à propos des autres & qui scandalisait tout le monde par ses audaces galantes, — au point de mériter ce diftique :

> Armoflède s'épuise en efforts superflus,
> La vertu n'en veut pas, le vice n'en veut plus...

C'eft celle-là qui ne me réconcilierait pas avec les *Mémoires intimes* ! car, après ceux de Jean-Jacques, je n'en connais pas qui, plus que les siens, blessent le goût, la délicatesse — & la morale. Si encore elle avait été sincère comme Rousseau; si elle nous avait tout dit, — par exemple sa liaison d'une heure avec Mirabeau !

LA BARRIÈRE DE LA ROQUETTE

Une barrière sinistre entre toutes, & dont le dossier est gros, quoiqu'elle n'ait été ouverte qu'en 1820, c'est-à-dire une trentaine d'années après les autres.

Et cette physionomie, elle ne la devait pas seulement à son voisinage du cimetière du Père-Lachaise, en face duquel elle se trouvait, mais aussi, mais surtout à son voisinage du Newgate parisien, la prison de la Roquette, où depuis 1851 se font les exécutions. Un cimetière est une prison d'où l'on ne songe pas à s'évader, — parce qu'on s'y trouve bien; une prison est un cimetière où l'on est enterré vivant, & où, par conséquent, on souffre de toutes les angoisses d'une lente agonie.

Le Père-Lachaise, d'ailleurs, quand on sait le regarder du bon côté, avec de bons yeux, n'a pas un aspect trop rébarbatif. C'est une série de blanches villas qui s'échelonnent en amphithéâtre, du boulevard d'Aunay au sommet du Mont-Louis, au milieu d'une forêt toujours verte où s'ébattent des milliers d'oiseaux libertins & bavards. Quand le soleil saupoudre d'or le sable des allées & les frontons de ces coquets petits temples mortuaires, les promeneurs accourent par essaims s'assurer que les jardiniers du cimetière ont gagné l'argent qu'ils leur ont donné pour entretenir de larmes fraîches les fleurs plantées sur leurs chers parents & renouveler les couronnes d'immortelles qui sont chargées de témoigner de la vivacité & de la durée de leurs regrets. Ces jours-là, quand la foule se répand dans les rues de cette ville funèbre, — qui a son faubourg Saint-Germain & son *faubourg Antoine*, — ces jours-là, il serait impossible de croire que ces vivants sont chez les morts : ils se promènent dans ces Tuileries-là comme dans les autres, — avec plus de plaisir peut-être, en tous cas avec plus de curiosité. Songez donc! il y a des monuments pour tous les goûts, pour les gens sérieux & pour les gens badins, pour les amoureux & pour les Joseph Prudhomme, pour les bourgeois & pour les artiftes. C'eft là, en effet, que sont les poussières de La Fontaine & de Molière, de Talma & de mademoiselle Duchesnois, de Dupuytren & de Larrey, de Ney & de Suchet, de Dulong & de madame Raspail, du général Foy & du général Boyer, de Manuel & de Benjamin Conftant, de Monge & d'Arago, d'Hérold & de Boïeldieu, de Gérard de Nerval & d'Alfred de Musset, etc., etc., —

une populace d'hommes illuſtres, guerriers, magiſtrats, poëtes, artiſtes & savants! Ah! la Mort eſt une abominable faucheuse! Elle n'a pas le moindre respect pour le génie, pour la beauté, pour la jeunesse, — pour tout ce qui, précisément, mériterait de durer longtemps, sinon toujours; elle abat, elle abat, elle abat, corneille siniſtre, les noix pleines aussi bien que les noix vides, les épis verts aussi bien que les épis pourris, Balzac aussi bien que Poulmann, Lucien de Rubempré aussi bien que Lafouraille, Élisa Mercœur aussi bien qu'Élise Sergent! Toutes ces poussières — les unes nobles, les autres viles — pèsent aussi peu pour elle : elle les disperse avec la même indifférence aux quatre vents du ciel. Que lui importe que ne soit plus ce qui a commencé par ne pas être?... Et que lui font les milliards d'ossements des hommes qui ont vécu en regard des milliards d'ossements des hommes qui sont deſtinés à vivre?...

Mais ce n'eſt pas la mort qui eſt à craindre, c'eſt *le mourir*, — c'eſt cette dernière minute dans laquelle tient un siècle quelquefois, le passé qui n'eſt plus & l'avenir qui ne sera jamais. Minute pleine d'affres horribles, surtout pour le condamné qui, aux premières lueurs de l'aube — qui doivent lui paraître bien rouges, — franchit le seuil de la prison de la Roquette & les quatre ou cinq marches de l'échafaud, un seuil aussi, celui de l'Éternité! Il n'a pas le temps de diſtinguer un seul visage parmi ces milliers de curieux venus là comme au spectacle, — un beau cinquième acte, en effet, cette guillotinade,—& cependant, durant ce court espace de temps, il a pu repasser vingt ou trente années de sa vie, se revoir enfant, adolescent, homme, innocent d'abord, coupable ensuite & enfin criminel ! Quelle lie amère ces souvenirs d'enfance & de jeunesse ont amenée sur ses lèvres violacées par l'épouvante du châtiment suprême ! Il voudrait crier, parler, prier, supplier, demander une éternité de repentir pour son crime d'une heure; mais la voix lui manque, sa langue se colle à son palais desséché, brûlé par la plus lâche des peurs humaines : il n'a plus de salive, — cette huile essentielle de la parole !

En face de la prison de la Roquette, désignée officiellement sous le nom de *Dépôt des Condamnés*, eft une autre prison, celle des *Jeunes Détenus*, — celle-ci antichambre de celle-là, le prologue en face de l'épilogue, l'exposition en regard du dénoûment, — la pépinière de la forêt-crime, dirait Victor Hugo. Les hôtes de la Roquette sont au nombre de quatre cents environ ; ceux de la maison de correction des Jeunes Détenus, cinq cents. Cela promet. Ah ! Misère ! quand auras-tu donc fini ton œuvre démoralisatrice ?

LA BARRIÈRE DES RATS

Son nom est toute son histoire : il est court, elle ne sera pas longue.

Quoi qu'en prétende le respectable J. de La Tynna, en son vivant membre de la Société académique des sciences, de la Société d'encouragement pour l'industrie nationale, & propriétaire-rédacteur de l'*Almanach du Commerce,* on peut très-bien, & sans longue-vue, « découvrir la cause du nom de cette barrière, » qui est celui de la rue qui y conduisait. Il suffit pour cela de se rappeler l'état d'abandon dans lequel était, il y a soixante-dix ans, le quartier de la Roquette, — un véritable désert. Or les déserts qui avoisinent les villes ont pour habitants naturels les rats, qui y trouvent aisément à vivre & même à s'engraisser. Le révérend J. de La Tynna n'avait donc pas vu l'armée de rongeurs que contenait l'Éléphant de la Bastille, — cet autre cheval de Troie? Maintenant, il peut se faire que je me trompe; il eft même certain que je me suis trompé en affirmant ce que je viens d'affirmer avec tant de conviction, — ce qui eft le plus vraisemblable ayant, en ce monde, l'habitude d'être le moins vrai. Et puis je me souviens à temps du premier nom de la rue aux Rats : c'était *Rue Lair* ou *Rue de l'Air*. Vous voyez d'ici la pente... Bâtignolles vient bien de *Batifolium!*

Avec tout cela, j'ai oublié de vous dire que la Barrière des Rats, ornée d'un bâtiment à deux périftyles de quatre colonnes chacun, était fermée depuis longtemps déjà lorsque arriva le 1er janvier 1860.

LA BARRIÈRE DE FONTARABIE

A propos de celle-là aussi, le savant & naïf propriétaire-rédacteur de l'*Almanach du Commerce* — un livre énorme! — n'a pas craint d'avouer son ignorance. « Nous ne savons d'où vient le mot *Fontarabie*, » dit-il à la page 221 de son *Dictionnaire*.

Fontarabie, monsieur, vient de *Fons rapidus* en latin & de *Fuenterrabia* en espagnol. C'eſt une ville située sur la Bidassoa, à l'embouchure de cette rivière, dans le golfe de Gascogne. Voilà déjà une source. Il y en a d'autres. Fontarabie a été assiégée à plusieurs reprises, notamment en 1521 & en 1794. 1794 eſt une date bien rapprochée de celle du baptême des barrières parisiennes; & cependant ce n'eſt pas au siége du 1er août 1794 que celle-ci dut son nom, puisque je le retrouve sur le plan de Roussel, gravé en 1731. Ne vous rappeliez-vous donc plus, monsieur & cher confrère, la conférence politique de l'Ile des Faisans ? Ne saviez-vous donc pas qu'un petit village situé à l'eſt de Paris, à droite du Mont-Louis, avait gardé le souvenir de cette conférence, comme plus tard le petit village d'Auſterlitz, à gauche de la Salpêtrière, celui de la fameuse bataille que Napoléon faillit ne pas gagner ? Le village de Malakoff, dans la plaine de Vanves, n'a pas non plus d'autre origine. Ah ! monsieur & cher confrère, votre *Dictionnaire* eſt certainement précieux pour les paresseux qui aiment la besogne toute faite, mais il eſt bien incomplet ; & si vous étiez encore de ce monde, vous en conviendriez volontiers avec moi.

La barrière de Fontarabie s'appelait aussi *Barrière de Charonne,* parce qu'elle conduisait au village de Charonne, dont l'église, une des plus anciennes de la banlieue, eſt perchée sur la crête de la montagne, comme un phare pour les âmes en détresse.

C'eſt de cet endroit que, lors des troubles de la Fronde, Paris étant partagé en deux camps, S. M. Louis XIV, roitelet abrité sous

L'écarlate linceul du pâle Mazarin,

contemplait les progrès de l'insurrection au faubourg Saint-Antoine, où Turenne, qui commandait en son nom, eût écrasé l'armée des Frondeurs, commandée par le prince de Condé, si mademoiselle de Montpensier n'eût fait tirer à temps le canon de la Bastille.

En cet endroit aussi, le 30 mars 1814, les Parisiens soutinrent vaillamment l'attaque des Cosaques & leur firent même rebrousser deux ou trois fois chemin; mais là comme aux buttes Chaumont, comme à la barrière de Clichy, comme à l'avenue de Vincennes, le courage dut céder devant le nombre. Les Parisiens furent culbutés à leur tour jusque dans le Père-Lachaise, où ne craignirent pas de les poursuivre les Russes de la division du prince Gortschakoff. Ceux qui furent tués là n'eurent pas loin à aller pour se faire enterrer.

> Pour ces héroïques vaincus
> Nul n'a fait d'oraison suprême,
> Nul n'a conté leurs jours vécus
> Obscurs tout comme leur mort même.
>
> Ils sont tombés, épis humains,
> Sous la faux du grand Faucheur sombre,
> Agitant encore leurs mains
> Lorsque leurs yeux se couvraient d'ombre...
>
> . . . .
>
> Braves gens! Pauvres gens aussi!
> Martyrs de leur patriotisme;
> Au lieu de leur dire merci,
> Je crois qu'on a dit *chauvinisme!*

Les Cosaques de l'avenir
Les vengeront de cette injure...
Eh bien ! ils peuvent revenir :
Je serai *chauvin*, je le jure!

LA BARRIÈRE DE MONTREUIL

Les boulevards autrefois extérieurs qui, à partir de la barrière des Amandiers, ont une physionomie mélancolique, à cause du voisinage du Père-Lachaise, redeviennent un peu plus gais à partir de la barrière de Montreuil. Les marchands d'immortelles, de croix toutes préparées où il n'y a plus que votre nom à mettre, les marbriers, enfin les gens qui vivent de la mort & qui, par conséquent, n'ont jamais de morte-saison, ont disparu. On tourne le dos au cimetière en s'avançant vers le Trône.

Montreuil ! Il y a des noms de villages qui sonnent plus agréablement que d'autres, — probablement parce qu'ils ont des grelots que les autres n'ont pas : Fontenay-aux-Roses sent bon ; Montmorency évoque le souvenir de mesdemoiselles Galley & Grafferiend ; Montreuil vous fait venir l'eau à la bouche, — à cause de ses savoureuses pêches... Et, à ce propos, n'avez-vous pas remarqué combien il eſt difficile de se procurer des cerises à Montmorency, des fraises à Fontenay, du chasselas à Fontainebleau, des pêches à Montreuil? Toutes ces excellentes choses sont achetées d'avance, sur pied. Allez à la Halle, vous en aurez, & cela vous coûtera moins cher.

Fontenay-aux-Roses s'enrichit depuis une vingtaine d'années en cultivant des fraises. Montreuil s'enrichit depuis plus d'un siècle en cultivant des pêches, — « les plus belles qui soient sur le globe, » déclare Mercier, qui ajoute : « Or les pêches, en certain temps, valent six livres pièce. Quand un prince donne une fête un peu brillante, on en mange pour trois cents louis d'or. »

Le prix a baissé un peu depuis Mercier; cependant, à de certains moments, il s'élève très-haut. On m'a montré un *péchier* à qui sept pêches ont rapporté un jour deux cents francs, dans les circonſtances plaisantes que je vais dire. Les pêches sont rares, — plus que rares, rarissimes ; on en trouve très-peu à Montreuil, & pas du tout à Paris : il fait un panier de dix des plus belles, sans tare aucune, & les porte à un marchand du Palais-Royal, qui en avait besoin.

— Des pêches superbes! Combien me les vendez-vous ?

— Il y en a dix : à cinq francs pièce, cela fera cinquante francs.

— Cinquante francs! C'eſt exorbitant!...

1.

— C'eſt à prendre ou à laisser... Je ne suis pas embarrassé de leur placement : ce sont les seules qu'il y ait à Paris en ce moment...

— Si, du moins, j'étais sûr qu'elles sont toutes bonnes...

— Qu'à cela ne tienne : goûtons-y !...

Le pêchier prend une pêche, l'ouvre en deux, en offre une moitié au marchand & garde l'autre pour lui.

— N'eſt-ce pas qu'elles sont exquises?

— J'en conviens, celle-ci eſt fort bonne....

— Toutes sont ainsi.

— Eh bien ! je vous les prends... Cela fait donc?...

— Toujours cinquante francs.

— Mais il n'y en a plus que neuf !...

— C'eſt à prendre ou à laisser... Si vous ne vous décidez pas aujourd'hui pour cinquante francs, je vous avertis que demain cela vous en coûtera cent...

— Ta ! ta ! ta ! Dix pêches, passe encore, mais neuf? J'aime mieux vous les laisser pour compte...

— Vous avez tort.

Là-dessus le pêchier s'en va tranquillement avec son panier de pêches, &, quelques heures après, envoie un sien compère, ſtylé par lui, au Palais-Royal, chez le marchand, qui était précisément en train de regretter les neuf pêches, parce qu'il s'était engagé à en fournir une demi-douzaine au moins, le lendemain, à un banquier qui avait à déjeuner une capricieuse fille d'Ève. Le même dialogue s'engagea :

— Combien vos neuf pêches ?
— Cent francs.
— Cent francs ! Y songez-vous ? J'ai refusé ce matin un panier de dix qu'on m'offrait pour cinquante francs...
— Elles n'étaient probablement pas aussi belles que les miennes.
— Les vôtres sont belles, sans doute, mais qui me garantit de leur excellence ?
— Qu'à cela ne tienne : goûtons-y !

Et prenant au hasard une pêche dans son panier, le compère en présente la moitié au marchand & croque l'autre.

— Un vrai sucre, n'eſt-ce pas ?...
— Très-bonne, en effet... Allons, je me décide, quoique cela me paraisse bien exagéré comme prix. Nous disons donc que huit pêches font...
— Cent francs, je vous l'ai dit.
— Comment, cent francs ! Neuf, à la bonne heure, & encore ! Mais huit ?...
— C'eſt à prendre ou à laisser.
— Je vous les laisse !
— A votre aise. Seulement je vous préviens que demain elles vaudront deux cents francs.
— Ta ! ta ! ta ! Deux cents francs ! comme vous y allez !
— Serviteur !

Et le compère du pêchier s'éloigne. Le lendemain matin, autre compère, avec les mêmes pêches dans un autre panier. Troisième édition du dialogue que vous connaissez.

— Combien vos huit pêches ?

— Deux cents francs.

— Deux cents francs ! Quelle plaisanterie ! On m'en a offert dix, hier, pour cinquante francs, & je les ai refusées !...

— Vous avez eu tort si elles valaient celles-ci, & j'en doute.

— Deux cents francs ! Et peut-être ne sont-elles que belles, vos pêches ?...

— Elles sont aussi savoureuses que magnifiques... D'ailleurs vous pouvez vous en assurer... Cela ne vous coûtera rien.

Une des huit pêches est prise au hasard dans le panier ; une moitié est offerte au marchand, l'autre moitié est avalée par le compère du pêchier.

— Eh bien ?

— Excellente, en effet ; & quoique vous en demandiez un prix extravagant, inouï, je me décide à vous acheter votre panier... Sept pêches font donc ?...

— Deux cents francs.

— Jamais !

— Comme vous voudrez ! Mais, si vous voulez m'en croire, vous n'hésiterez pas plus longtemps, dans votre intérêt : ce soir, vous ne les auriez pas pour quatre cents francs...

— Ah ! bourreau !

Et le marchand paya deux cents francs le même panier qu'il avait refusé pour cinquante francs, la veille, quand il contenait dix pêches au lieu de sept. C'était dur, mais n'avait-il pas de quoi se venger sous la main ? Les filles d'Opéra, du temps de Mercier, mangeaient pour trois cents louis de pêches : les petites dames de notre temps peuvent bien en manger pour cinq cents francs. Les banquiers sont plus riches que les princes.

LA BARRIÈRE DU TRONE

Elle date de 1788, comme les autres barrières, mais elle a des souvenirs bien antérieurs à cette époque; car c'était le chemin que prenait saint Louis pour aller à Vincennes, où, d'après le naïf récit de Joinville, il rendait la juſtice, assis au pied d'un chêne, comme un honnête bourgeois qu'il était.

Plus tard, le 26 août 1660, un autre roi — qui ne ressemblait en rien à Louis IX & qui s'appelait Louis XIV — venait s'asseoir là, sur un trône élevé aux frais de la bonne ville de Paris, & ayant à ses côtés Marie-Thérèse d'Autriche, sa femme, pour recevoir l'hommage & le serment de fidélité de ses sujets. Cérémonie si mémorable, — aux yeux des courtisans, — qu'on éprouva le besoin de la consacrer par l'érection d'un arc de triomphe à nul autre pareil, dont la première pierre fut posée le 6 août 1670, & qui ne fut jamais exécuté qu'en plâtre, comme l'Éléphant de la place de la Baftille. Les courtisans proposent, mais les événements disposent.

Pourquoi avait-on choisi cet emplacement plutôt qu'un autre? Parce que, de toutes les issues de la grande ville, la plupart si laides, c'était la plus convenable; à ce point que c'était par là que les ambassadeurs étrangers faisaient leur entrée solennelle, salués du peuple — ami des fêtes, malgré les impôts qu'elles lui coûtent — jusqu'au monaftère de Picpus, où des appartements leur étaient préparés.

Les deux bâtiments carrés bâtis sur les dessins de Le Doux auraient pu avoir plus de grandeur & de pittoresque, précisément à cause de l'importance de cette barrière, vomitoire du faubourg le plus révolutionnaire de la capitale des révolutions. Ce sont des propylées vulgaires, dont la pauvreté n'eft pas suffisamment dissimulée par les deux colonnes au haut desquelles on a juché Philippe Augufte & saint Louis.

En 1793, la Royauté étant abolie, la barrière du Trône s'appela tout naturellement *Barrière du Trône renversé*, &, naturellement aussi, elle ne garda pas longtemps cette appellation anarchique, un trône nouveau — impérial cette fois — ayant été fabriqué avec les débris de l'ancien, retrouvés dans un coin du garde-meuble : ce fut, officiellement du moins, la *Barrière de Vincennes*, que le peuple, esclave des traditions monarchiques, persifta à appeler la *Barrière du Trône*.

La place circulaire où viennent aboutir le boulevard Mazas & le boulevard du prince Eugène, & que déshonorent deux petites maisons aux carreaux brouillés, — deux Amathonte soldatesques, — fut pendant quelque temps, sous la Terreur, la succursale de la place Louis XV ; pendant quelque temps la guillotine y fut en permanence. Sur cette place tombèrent des têtes illuftres, entre autres celle d'André Chénier, ce *frère aîné des poëtes modernes*; de Roucher, l'auteur des *Mois*; de la comtesse de Meursin, du président de Bérulle, du duc de Saint-Aignan, de la duchesse de Montmorency, etc.

Idole terrible, la Liberté ! Son front baigne dans l'éther le plus pur, mais ses pieds trempent dans un fleuve de sang, — celui de ses défenseurs comme celui de ses ennemis. Quand cessera-t-elle donc d'exiger ces sacrifices humains, cette reine du Dahomey?...

La Barrière du Trône eft riche en souvenirs sombres, en deçà & au delà d'elle.

Au delà, c'eft la *Chaussée de Vincennes* où, le 30 mars 1814, deux cent seize élèves de l'École polytechnique, aidés d'artilleurs de la vieille garde, arrêtèrent un inftant les lanciers russes du général Kamenew en les mitraillant. Il y en eut de tués, un grand nombre de blessés ; mais ils se défendirent héroïquement, comme de vaillants jeunes hommes qu'ils étaient, & la Patrie doit leur en être reconnaissante. On ne saurait mourir d'une plus belle mort.

En deçà, c'eft la *chaussée Saint-Antoine,* comme on disait du temps du grand Condé, ou, comme on dit aujourd'hui, le *faubourg Antoine,* la cuve émeutière toujours en fermentation, l'Etna révolutionnaire toujours crachant sa lave ardente. D'abord c'eft le pillage du manufacturier Réveillon, à tort accusé d'avoir songé à réduire le salaire de ses ouvriers & dit que le pain était trop bon pour eux. Puis c'eft la prise de la Baftille par ces faubouriens las du joug & à bout de misère. Puis c'eft l'assaut des Tuileries par eux, le *général* Santerre à leur tête. Puis ce sont les journées des 22 avril, 1er & 31 mai 1793, celles de prairial an III, celles de juillet 1830, celles de février & juin 1848. L'hiftoire de ce faubourg eft l'hiftoire de Paris — écrite à coups de fusils.

Au n° 239 eft la brasserie Caffin devant laquelle passent & repassent sans cesse beaucoup d'ouvriers de ce quartier populeux, sans se douter que cette *Brasserie de l'Hortensia* a été, sous la Révolution, la maison du général Santerre,

Qui n'eut de Mars que la bière,

& que dans cette maison venait fréquemment Philippe-Égalité, duc d'Orléans, pour intriguailler.

Un peu plus haut, près de la barrière, au n° 203 je crois, était, en 1812, la maison de santé du docteur Belhomme, qui avait alors parmi ses pensionnaires un homme audacieux, le général Malet, compromis quatre ans auparavant dans une conspiration contre Napoléon & incarcéré à la suite de cette affaire. La première fois on avait voulu profiter de l'absence de l'empereur, alors en Prusse; la seconde fois, Malet en voulut profiter encore, mais plus efficacement. « Napoléon eft à Moscou; les nouvelles arrivent avec la plus grande difficulté: si on annonçait brusquement sa mort, que deviendrait le gouvernement? » Voilà ce que s'était demandé Malet. L'hypothèse avait des séductions pour un esprit de la trempe du sien: il imagina de la réaliser en jouant sa tête & celle de quelques-uns de ses amis. Vous savez de combien peu il s'en fallût qu'il ne réussît. Il s'était évadé de la maison de santé du docteur Belhomme dans la nuit du 23 au 24 octobre 1812: le lendemain il était arrêté, &, le 29 du même mois, il était fusillé avec dix de ses complices dans la plaine de Grenelle. Quand il apprit & la conspiration & le châtiment des conspirateurs, Napoléon était aux environs de Mikalewska; « il eut, dit M. de Ségur, des exclamations d'étonnement, d'humiliation & de colère. Quelques inftants après, il fit venir plusieurs officiers pour remarquer l'effet que produisait une si étrange nouvelle. Il vit une douleur inquiète, de la confternation & la confiance dans la ſtabilité de son gouvernement tout ébranlée. Il put savoir qu'on s'abordait en gémissant & en répétant qu'ainsi la grande révolution de 1789, qu'on croyait terminée, ne l'était pas. »

LA BARRIÈRE DE SAINT-MANDÉ

Ce n'était pas une barrière, — c'était une solitude. Encore aujourd'hui, c'eſt la porte d'une verte oasis, l'*Avenue du Bel-Air*, où se réfugient, dans la belle saison, les bourgeois & les bourgeoises riches de Paris, — que doit cependant effaroucher un peu, maintenant, ce diable de chemin de fer de Ceinture, qui coupe en deux l'Avenue & mêle de fâcheux sifflements de locomotives aux pépiements des moineaux francs cachés sous les ramures.

Mais, en dépit du chemin de fer, il n'en reſte pas moins là, de l'ancienne barrière, à la porte du bois de Saint-Mandé, une avenue égayée par une double bordure de maisonnettes d'une tranquillité & d'une poésie à vous donner envie d'être rentier pour pouvoir dépenser là le reſtant de vos jours, — & même davantage.

Dans l'une de ces maisonnettes, la quatrième ou cinquième à droite, la plus simple mais non la moins pittoresque, a demeuré--& demeure peut-être encore — une des plus jeunes & des plus jolies pensionnaires du Théâtre-Français.

>Du talent? Ma foi, je l'ignore,
>Ne connaissant rien à cela.
>Mais de la grâce, & puis encore
>Un esprit du diable... Voilà !

LA BARRIÈRE DE PICPUS

Elle était située à l'endroit où finit la rue de Picpus & où commence la rue de la Croix-Rouge. De sa décoration, je n'en parle que pour mémoire, ne jugeant pas d'une grande utilité de vous décrire au long un bâtiment composé de quatre péristyles sans style & d'une attique de mauvais goût.

Tout l'intérêt de cette barrière est dans le souvenir qui se rattache aux deux couvents dont l'un a eu l'honneur d'être décrit par Victor Hugo dans ses *Misérables*. Le village de Picpus — ou de *Pique-puce*, comme l'écrivent quelques étymologistes qui connaissent l'énigme de Boileau — n'était encore, en l'an 1600, qu'une réunion de deux ou trois maisonnettes, lorsque le Père Mussart, ou Massard, y vint fonder un couvent de *Pénitents réformés du tiers ordre de Saint-François,* que le peuple ne tarda pas à appeler les *Picpus*. Les libéralités de la veuve de René de Rochechouart, comte de Mortemart, avaient commencé la fortune de ce monaftère : la protection royale & la dévotion publique firent le refte. On parlait beaucoup des Picpus, — non pas tant parce qu'ils avaient dans leur réfectoire des tableaux de maîtres & dans leur église des ftatues remarquables, dont un *Ecce homo* de Germain Pilon, que parce que les ambassadeurs des puissances catholiques avaient l'habitude d'y recevoir l'hospitalité de la part des moines & les compliments de la part des princes & princesses du sang royal.

Cette maison conventuelle, dont l'entrée était au n° 37 de la rue de Picpus, fut supprimée en 1790, & ses hôtes, un inftant dispersés sous l'orage révolutionnaire, se rassemblèrent plus tard, en pleine Restauration, pour guider de nouveau les âmes, — ainsi qu'en témoigne ce passage de Paul-Louis, extrait de sa *Pétition pour des villageois que l'on empêche de danser* : « Les jeunes prêtres, au séminaire, sont élevés par un moine, un frère Picpus, frère Isidore, c'eft son nom ; homme envoyé des hautes régions de la monarchie afin d'inftruire nos docteurs, de former les inftituteurs qu'on deftine à nous réformer. Le moine fait les curés, les curés nous feront moines. Ainsi l'horreur de ces jeunes gens pour le plus simple amusement leur vient du trifte Picpus, qui lui-même tient d'ailleurs sa morale farouche. Voilà comme, en remontant dans les causes secondes, on arrive à Dieu, cause de tout. Dieu nous livre aux Picpus. Ta volonté, Seigneur, soit faite en toutes choses ; mais qui l'eût dit à Aufterlitz ?... »

Un peu plus bas, dans la même rue, aux n°s 17 & 19, étaient les *Chanoinesses de Saint-Augustin*, qu'on appelait aussi *Religieuses de Notre-Dame-de-Victoire-de-Lépante*, parce qu'elles avaient ajouté à leur inftitut l'obligation particulière de célébrer, le 7 octobre de chaque année, la victoire remportée en 1572 sur les Turcs par don Juan d'Autriche ; des chanoinesses charmantes sous leur coftume de serge blanche, leur voile noir & leur rochet de toile fine, — telles enfin que pouvait les souhaiter le galant archevêque de Paris, Jean-François de Gondi, qui les avait établies là avec le concours du sieur Tubeuf, surintendant des finances. C'eft dans leur cimetière qu'on enterrait les condamnés exécutés sous la Terreur à la barrière du Trône. A cause de cela, sans doute, beaucoup de grandes familles, les Noailles, les Lévis, les Montmorency, ont choisi cette sépulture — qui les isole de la populace des morts qui encombre le Père Lachaise. Là aussi repose dans la paix éternelle, auprès de sa femme, fille du duc d'Ayen, le général marquis de La Fayette, — ce Lamartine de nos deux premières révolutions, comme Lamartine a été le La Fayette de la troisième. Et l'on peut dire que non-seulement le compagnon de Washington eft enterré en terre chrétienne, mais encore — ce qui vaut mieux — en terre libre, puisque c'eft de la terre envoyée tout exprès d'Amérique.

D'autres établissements religieux avoisinent la barrière de Picpus : la Congrégation des *Sœurs du Sacré-Cœur de Jésus & de Marie*, l'hospice d'Enghien, etc.

J'ai parlé tout à l'heure d'André Chénier : la Laure de Noves de son frère Marie-Joseph, Eugénie de la Bouchardie, comtesse d'Esparda, a habité la maison en face de laquelle était le couvent des *Pénitents de Saint-François.*

Plus haut, en remontant vers la barrière, exiſtait encore, il y a quelques années, un pavillon en rocaille, illuſtré de portraits de moines, où sont venus tour à tour demeurer Boïeldieu, Millevoye & Théaulon. J'ai peur que le chemin de fer de Vincennes n'ait renversé cet ermitage, qui ne servait plus à rien du reſte — qu'à consacrer le souvenir de deux hommes célèbres, au moins, sur trois. Rien n'eſt sacré pour la vapeur ! dirait Émile de La Bédollière !

LA BARRIÈRE DE REUILLY

Située au point de jonction de la rue de Reuilly & du boulevard de Charenton, elle était décorée de ce que les frères Lazare appellent « une jolie rotonde, » & tirait son nom de l'ancien, très-ancien château de Reuilly — *Romiliacum* — où le roi Dagobert avait épousé Gomatrude, qu'il avait ensuite répudiée sans plus de façon pour s'unir avec Nantéchilde, ou Nanthilde, qui lui plaisait davantage probablement. Ces Tuileries mérovingiennes avaient fini par tomber en ruines & n'être plus qu'un souvenir, — comme les monarques qui les avaient habitées à tour de règne; si bien qu'en 1666 on conftruisait sur leur emplacement de vaftes bâtiments dont Colbert avait donné le plan & qui étaient deftinés à rivaliser avec les fabriques de glaces de Venise.

C'eft là une date précieuse à enregiftrer dans le livre

d'or de l'induſtrie parisienne. Thivart avait inventé l'art de couler le verre, Rivière Dufresny le moyen de polir les glaces : Paris put désormais se passer de Venise. Les glaces de Reuilly étaient coulées tantôt à Saint-Gobain, tantôt à Tourlaville, puis amenées à Paris pour être étamées & polies. Ces transports ayant été jugés — au bout de très-longtemps — aussi onéreux qu'inutiles, la manufacture des glaces de Reuilly avait été transférée à Saint-Gobain, & ses bâtiments utilisés comme caserne.

LA BARRIÈRE DE CHARENTON

Elle était située à l'extrémité de la rue de Charenton, au point de jonction du boulevard de ce nom & du boulevard de Bercy. En 1800, elle s'appelait *Barrière de Marengo*, en souvenir de l'entrée triomphale qu'y avait faite Napoléon Bonaparte, alors premier consul, après la bataille du 14 juin, & cette dénomination, elle l'avait tout naturellement perdue en 1815 pour reprendre son premier nom, qu'elle devait à sa proximité du village de Charenton.

Un village hiftorique entre tous, — ainsi que ses environs, ravagés par les Anglais sous Charles VII; puis, en 1465, par l'armée de la Ligue, dite du *Bien public*,—une belle antiphrase; puis, sous Louis XIV, par les Frondeurs; puis enfin, en 1814, par les troupes wurtembergeoises & le corps d'armée autrichien du comte Giulay.

Mais ce qui rend surtout ce lieu célèbre, c'eſt le temple qu'y ont eu longtemps les proteſtants. Henri IV —qui venait d'abjurer leur religion, parce que, selon lui, Paris valait bien une messe — avait permis à ses ex-coreligionnaires de bâtir là ce temple & de s'y assembler; mais les catholiques n'avaient pas tardé à le saccager & à le brûler. On l'avait reconſtruit, & les proteſtants y avaient tenu leurs synodes nationaux de 1623, 1631 & 1644. En août 1685, des catholiques forcenés avaient essayé d'y mettre le feu; les protestants s'étaient plaints de ces violences au Parlement, qui avait informé. Mais Louis XIV, sur les sollicitations de madame de Maintenon & de gens à sa dévotion, ayant révoqué l'édit de Nantes, on avait commencé, le soir même du 22 octobre, la deſtruction de ce temple, dont il ne reſtait bientôt plus une seule pierre debout, — grâce au zèle des soldats, exécuteurs de ces hautes-œuvres. Cent mille familles allèrent porter à l'étranger leur induſtrie, leur fortune, leur religion, — & les catholiques purent alors respirer à leur aise.

Je voudrais bien, pendant que j'y suis, parler du pont de Charenton, — cette « clef de Paris. » Mais cela me mènerait trop loin, &, au lieu de faire mon tour des barrières, je serais capable de faire mon tour de Marne. Je m'arrête à temps pour saluer d'un souvenir le cabaret de la *Grand'Pinte,* qui a donné son nom à une partie du quartier de la barrière de Charenton :

« A la Grand'Pinte, quand le vent
Fait grincer l'enseigne en fer-blanc,
    Alors qu'il gèle;
Dans la cuisine on voit briller
Toujours un tronc d'arbre au foyer,
    Flamme éternelle !
Où rôtissent en chapelets
Oisons, canards, dindons, poulets,
    Au tourne-broche;
Et puis le soleil jaune d'or
Sur les casseroles encor
    Darde & s'accroche!... »

Le vendredi 15 avril 1814, à dix heures du matin, S. M. l'empereur d'Autriche faisait son entrée dans Paris par cette barrière, où l'attendaient d'autres Majeftés, l'empereur de Russie, le roi de Prusse, S. A. R. Monsieur, S. A. I. le grand-duc Conftantin, S. A. le prince royal de Suède & le prince de Schwarzenberg, suivis d'états-majors nombreux. De la barrière de Charenton, l'empereur d'Autriche était conduit au palais Borghèse (ancien hôtel Charoft), qu'il quittait le lendemain pour se rendre au château de Rambouillet, où l'attendait sa fille l'impératrice Marie-Louise, qui avait en effet besoin d'être consolée & réconfortée en ces douloureuses épreuves.

LA BARRIÈRE DE BERCY

Celle-ci était la sœur naturelle de la barrière de la Rapée, — une plus grande sœur, quoique du même âge, & mieux habillée par l'architecte des Traitants, puisqu'elle se composait de deux bâtiments ayant chacun deux péristyles & douze colonnes.

A la barrière de la Rapée, les matelotes illustres & les fritures célèbres ! Mais à la barrière de Bercy, la dive purée septembrale — en tonneaux engerbés !

C'est là, en effet, qu'arrivent, par tous les affluents de la Marne & de la Seine, les produits du Mâconnais & de la Champagne, de l'Orléanais & de la Touraine, de l'Anjou & du Languedoc. Vieilles provinces, — vieux vins ! La Bourgogne tout entière est là : le Clos-Vougeot, le Chambertin, le Beaune, le Meursault, le Nuits, le Chenôve, le Volnay, le Pomard, le Thorins, le Romanée, — ses joyeux fils, sa plantureuse lignée! Puis l'Aï, — le turbulent enfant de la Champagne. Puis le Château-Laffitte, le Château-Margaux, le Saint-Julien, — toute une armée!

Bercy & la Râpée se confondent. Autrefois on disait *la Rapée :* on dit *Bercy* aujourd'hui.

Bercy était autrefois un petit village, c'eft aujourd'hui une petite ville, comme presque toutes les communes qui confinent à Paris. Il était jadis occupé par des maisons de campagne, des habitations particulières, & par deux châteaux avec leurs parcs, le *Petit* & le *Grand Bercy*.

Le *Grand Bercy* était une magnifique, une somptueuse, une royale maison de plaisance, — & jamais ce dernier mot n'avait été si bien juftifié. Un parc de neuf cents arpents! Un château qui contenait plus de richesses que les Tuileries! Un parc dessiné par Le Nôtre! Un château bâti par Le Vau!

Et cependant, leur premier propriétaire, le président de Bercy, était un ladre de la plus belle eau, — à ce point qu'il servit de type à Molière pour son *Avare*. Après le président, son fils, puis son petit-fils, qui contribua pour une grande part à l'embellissement de cette résidence princière, qui eut à souffrir pendant la Révolution, — où l'on y inftalla une fabrique de papiers peints. Durant quelques années même, au dire d'un hiftorien de 1804, il fut fermé, & ses dépendances furent louées à différentes personnes qui les exploitèrent à leur guise : celles-ci labourèrent les allées du parc pour y semer du blé, celles-là firent abattre les arbres pour se chauffer. L'intérieur du château seul fut un peu épargné, & lorsque M. de Nicolaï vint, il eût pu l'habiter & lui redonner sa splendeur d'autrefois, — s'il n'avait mieux aimé le louer à un vicomte, qui le déshonora une seconde fois en installant là une raffinerie de sucre de betteraves.

Le revoyez-vous, ce vieux parc qu'il semble que Victor Hugo ait voulu décrire dans son volume des *Voix intérieures?* Moi, je le revois toujours. Il me souvient des jours d'été où, quand le hasard de mes promenades m'amenait par là, je ne craignais pas de franchir la terrasse du bord de l'eau, à l'endroit où deux lions de pierre, mutilés par le temps & par les hommes, se regardaient si triftement, comme pour se confier une dernière fois « les secrets de ce passé trop vain. » Une fois dans le parc, où je m'introduisais ainsi frauduleusement, je trouvais un plaisir extrême à chercher les allées les plus ombreuses, les fourrés les plus épais, l'herbe la plus verte, & à m'y coucher pendant les heures les plus chaudes, rêvant à tout & à rien, remâchant mes projets, reconftruisant pour la centième fois mes petits châteaux de cartes, — moins grands & moins beaux que celui de M. de Bercy, qui, du refte, ne me faisait point envie. Ce qu'il y avait de meilleur là, c'étaient la fraîcheur & la solitude. Quand j'avais suffisamment rêvé, lu, — ou dormi, — je sautais le fossé, je saluais mes deux lions invalides, & je reprenais le chemin de Paris, où m'attendait la réalité.

Je me suis rappelé ces bonnes journées de rêverie,

lorsque, au mois de juillet 1860, on a commencé à jeter par terre le vieux château du vieux président & à mettre en coupe réglée son parc touffu comme une forêt. M. de Nicolaï ne tenait plus à l'un depuis qu'on avait endommagé l'autre. En 1840, ç'avaient été les fortifications ; plus tard, le chemin de fer de Lyon : ces morcellements avaient complété l'œuvre de la fabrique de papiers peints & de la raffinerie de sucre de betteraves. Parc & château furent vendus 10 millions 500,000 francs, — un assez joli chiffre, & un plus joli bénéfice encore pour les acquéreurs à qui, au bout de huit jours, il reftait pour plus de 15 millions de terrains à vendre, après en avoir déjà vendu pour plus de 12 millions. Il en eft décidément de la fortune comme de la réputation : pour se faire un nom, il faut déjà être connu ; — pour devenir riche, il faut déjà être à son aise. Il n'y a que le premier million qui coûte, — & c'eft juftement celui-là que je ne pourrai jamais acheter.

Quant au *Petit-Bercy*, c'était une annexe du Grand-Bercy, c'eft-à-dire un pavillon à pans coupés que Pâris de Montmartel, frère du fameux financier de ce nom, avait fait bâtir sur une assez vafte portion de terrain que lui avait cédée le troisième seigneur de Bercy, contrôleur général des finances. Après Pâris de Montmartel, le Petit-Bercy avait appartenu à un autre financier, Boismorel, « qui s'y était disposé un jardin qui luttait pour l'élégance avec celui de son faftueux voisin, & une bibliothèque assez riche pour n'avoir rien à envier à celle du Grand-Bercy ; » — & cependant la bibliothèque du Grand-Bercy possédait, entre autres merveilles, un manuscrit sur vélin du *Roman de la Rose.*

Le Grand-Bercy a disparu ; mais le Petit-Bercy, — c'eſt-à-dire le pavillon connu dans le quartier sous le nom de *Pâté-Páris* — eſt encore debout.

« Où la mouche a passé, le moucheron demeure. »

Son parc, qui était d'une quarantaine d'arpents, servit d'entrepôt aux vins & eaux-de-vie, après le terrible incendie du 31 juillet 1820 qui dévora presque toutes les conſtruƈtions, la plupart couvertes en chaume, du premier entrepôt établi là depuis assez longtemps.

On sait maintenant pourquoi la barrière de Bercy s'appelle Bercy.

LA BARRIÈRE DE LA RAPEE

Située à l'extrémité du quai du même nom — que, par parenthèse, elle devait à un sieur de la Rapée, commissaire général des guerres sous Louis XV, — & presque en face du pont de Bercy, elle n'était décorée que d'un petit bâtiment, dû à l'architecte Le Doux, & de deux petits pavillons d'octroi, dus à la sollicitude de M. de Rambuteau.

Cela, on le comprend, n'aurait pas suffi à lui procurer quelque famosité auprès des Parisiens qui, du reste, ne sont pas grands amateurs d'architecture. Ce qui a fait de la Râpée un lieu digne de mémoire, c'est son port, fréquenté en toute saison & renommé pour les fritures & les matelotes — qu'on n'y mange pas, — prétend Edmond Texier, qui n'a pas vu partir la flottille des canotiers pour le tour de Marne & qui n'a pas consulté les habitués des *Marronniers*, du *Grand Balcon* & du *Rocher de Gancale*.

En tous cas, matelotes & fritures n'ont pas toujours été un mythe à la Râpée, & les cabarets y ont joui jadis d'une réputation que n'a pas assez conftatée l'ingénieux auteur du *Tableau de Paris* publié par Paulin, — témoin l'aventure suivante, que je trouve dans un livre de M. Fortia de Piles, & dont je m'empare à la façon de Molière :

« M. de la Vauguyon, étant ambassadeur en Hollande & résidant à la Haye, eut envie d'aller avec une compagnie manger un ragoût de poisson appelé *water-fisch*, dans un endroit sur le bord de la mer nommé Scheweningen, où on l'apprête à merveille de cette manière.

« Le jour pris, il fit arrêter le local & commanda du *water-fisch* pour toute sa société ; il y envoya ses gens & sa cuisine pour y préparer le refte du dîner ; de sorte que le maître de l'auberge n'eut à fournir que le logement & le poisson accommodé. Il s'y rendit avec sa compagnie, &, après le repas, au moment du retour, le maître d'hôtel, ayant demandé le compte de sa dépense, fut très-étonné de se voir présenter un mémoire de 1,500 florins (un peu plus de 3,000 francs). Il le montra à l'ambassadeur qui se récria, comme on le pense bien, sur cette prétention exorbitante.

« L'hôte fut mandé devant lui, & ne voulut rien diminuer. L'ambassadeur fit appeler le bailli du lieu, qui commença par lui demander s'il avait fait prix à l'avance avec les gens de l'auberge. M. de la Vauguyon lui répondit que non. Alors le magiftrat, s'adressant à l'hôte, lui représenta doucement qu'il avait tort de former une prétention aussi élevée. Celui-ci lui dit qu'il avait le droit de taxer son induftrie comme il l'entendait, que c'était la loi, & qu'il la fixait en cette occasion à 1,500 florins. Le bailli dit à l'ambassadeur que la loi était formelle, & qu'ainsi il ne pouvait rien y faire.

« M. de la Vauguyon s'adressa vainement au gouvernement hollandais, qui lui fit la même réponse, & il fut contraint de payer. Il inftruisit le gouvernement français de ce qui lui était arrivé, & cet avis ne fut pas perdu.

« Quelque temps après, M. de Berkenroode, ambassadeur de Hollande à Paris, voulut aller en compagnie manger une matelote à la Rapée. Il en fit commander une des plus copieuses, ainsi que le logement, sans faire de prix, & ses cuisiniers allèrent y préparer le repas. Quand vint le moment de donner, comme on dit, la carte, M. de Berkenroode fut bien étonné de voir un compte de 3,000 francs. Il jeta les haut cris, fit appeler l'hôte; celui-ci, bien endoctriné, répondit qu'il taxait ainsi son induftrie, qu'il en avait le droit, & que Son Excellence avait tort de se plaindre.

« L'ambassadeur hollandais fut près de s'emporter, mais il s'arrêta tout à coup. Après un moment de réflexion, il dit en souriant à son maître d'hôtel : « J'en-

« tends, j'entends; il faut que je paye le water-fisch « de M. le duc de la Vauguyon. » Et il fit compter à l'hôte les 1,000 écus. »

La morale de cette anecdote eſt : 1° que les ambassadeurs entretiennent leur gouvernement de choses qui n'ont pas le moindre intérêt pour lui; 2° que les gouvernements s'intéressent à des choses qui ne devraient intéresser que leurs ambassadeurs; 3° que M. le duc de la Vauguyon & M. de Berkenroode n'étaient pas de ces parfaits gentilshommes qui se laissent voler sans daigner crier au voleur; 4° enfin, que la Râpée jouissait autrefois d'une excellente réputation culinaire.

J'ajouterai, pour ne pas allonger outre mesure la monographie de cette barrière, que, depuis 1787, les mariniers de la Rapée donnaient chaque année, pendant l'été, aux Parisiens enthousiasmés par ce spectacle, des joutes qui se terminaient toujours par un feu d'artifice.

L'endroit était prédeſtiné : aux joutes ont succédé les régates.

LA BARRIÈRE DE LA GARE

Nous venons de traverser la Seine, qui eſt là dans sa plus grande largeur & ressemble à un fleuve un peu plus sérieusement que partout ailleurs, en aval ou en amont. Cela nous a fourni l'occasion de jeter en passant quelques pièces de monnaie « dans les flots, » suivant l'antique usage, afin de nous rendre les Dieux & les Divinités favorables. De la rive droite nous voilà sur la rive gauche, un peu moins riche en barrières.

La barrière de la Gare, qui vient la première de ce côté de la Seine, était située, avant 1818, à l'extrémité du quai d'Auſterlitz, sur un emplacement voisin du pont de ce nom; mais, à cette époque, le petit village d'Auſterlitz ayant été enfermé dans Paris, elle fut reculée, &, plus tard, décorée de deux pavillons dans le goût de ceux de Le Doux, — c'eſt-à-dire fort laids,

Elle tenait son nom de son voisinage d'une gare destinée à mettre les bateaux à l'abri des glaces, laquelle n'a jamais été terminée.

Le seul souvenir qui se rattache à cette barrière eſt celui du *Port-à-l'Anglais,* un amas de guinguettes qui trempaient leurs pieds dans l'eau de la Seine, — & peut-être aussi leurs tonneaux. C'eſt là, raconte M. Fournier en son *Histoire des Hôtelleries,* qu'au sortir des bains du quai Saint-Bernard, tritons & naïades se donnaient rendez-vous. Plus d'une soubrette qui, au sortir de l'eau, s'était trompée d'ajustements, y venait leſte & pimpante sous les atours de sa maîtresse, & nul marquis n'était assez mal avisé pour se plaindre de la métamorphose; plus d'une grande dame, à qui le même accident faisait troquer la robe traînante pour le court jupon, s'y fourvoyait de même parmi les grands laquais & ne s'en plaignait pas davantage. C'était dans les mœurs du temps.

> « De la maîtresse à la soubrette
> Et de l'hôtel à la guinguette,
> On passe du grand au petit :
> Changement pique l'appétit. »

Les deux sœurs Loyson, les deux nymphes souveraines du quai Saint-Bernard, venaient chaque soir d'été au Port-à-l'Anglais. C'eſt là que Regnard les connut. Libertin magnifique, débauché spirituel, « cynique mitigé, » comme il s'appelle lui-même, quelles splendides orgies le poëte grand seigneur des *Folies amoureuses* devait y ordonner. C'était comme à Grillon, où il aimait tant à faire fête à ces aimables libertines : même gaieté, mêmes vins, mêmes convives. Notre poëte d'abord, l'architriclin président au repas, ajuftant chaque ragoût, veillant à tous les vins, &, par sa bonne mine, prévenant d'avance en faveur des mets friands qu'il annonçait; car lui aussi, fier de son teint fleuri, la meilleure enseigne des bons repas, il pouvait dire comme l'homme de bonne chère de sa comédie des *Souhaits* :

> « Cet embonpoint des plus brillants,
> Qui fidèlement m'accompagne,
> Eft pétri de mets succulents
> Et broyé de vin de Champagne. »

Ensuite venaient Davaux, le plus cher des amis du poëte; Duché, qui, pour composer des tragédies sacrées, ne s'enivrait que mieux; Dufresny, le second poétique de Regnard, &, comme Henri IV, dont il se croyait le descendant, ayant le triple talent d'aimer, de boire & de rimer, — sinon de combattre. Enfin, au milieu de ce groupe de convives joyeux paraissaient les deux sœurs Loyson, les reines de l'orgie, la *Doguine* & *Tontine*, — pour les appeler par leurs noms de guerre & de débauche. Tout s'animait avec elles : leur gaieté donnait l'élan à la gaieté des autres; leur voix donnait le ton aux refrains bachiques & dominait le chorus des chants les plus grivois; leur verre, toujours le premier plein, était toujours le premier vide. Les joyeuses filles ! elles avaient pour chacun un toaft & un amour, elles buvaient & elles aimaient à la ronde. La Doguine surtout, cette blonde passionnée que Regnard aimait tant, & qu'il célébrait de si bon cœur en ses jours d'ivresse :

> « Quelle eft aimable,
> Quand Bacchus la tient sous ses lois !
> Mais bien qu'elle triomphe à table,
> L'amour ne perd rien de ses droits.
> Quelle eft aimable !
>
> Tous à la ronde
> Vidons ce verre que voilà,
> C'eft à cette charmante blonde.
> Peut-être elle nous aimera
> Tous à la ronde ! »

Folles filles & joyeux compères, poëtes & courtisanes ont disparu depuis longtemps, avec d'autres gens & d'autres choses plus dignes qu'eux de mémoire & de respect : on ne se souvient pas plus aujourd'hui de Tontine & de la Doguine que de Macette la Blonde & de Maschecroue la Rousse ; de Regnard quelquefois, — à la Comédie-Française. Quant au Port-à-l'Anglais, les anciens du quartier en ont entendu parler avec éloge autrefois...

Un autre souvenir — plus récent — se rattache encore à la barrière de la Gare : c'eft celui de la maison d'arrêt de la garde nationale, située à quelque distance de là, entre le quai d'Aufterlitz & le chemin de fer d'Orléans, & qu'on eft en train de démolir.

Cette prison aura été un des châteaux des rois de Bohême contemporains; presque tous y sont venus — malgré eux — demander une hospitalité de vingt-quatre ou de quarante-huit heures : Alfred de Musset, Théophile Gautier, Gavarni, A. de Chatillon, Lorentz, Bertall, Decamps, Devéria, Frédéric Bérat, Théodore Pelloquet, Commerson, — & cinquante autres littérateurs, peintres ou musiciens. Je l'ai décrite ailleurs, & ne me sens nulle envie de la décrire de nouveau.

LA BARRIÈRE DES DEUX-MOULINS

A l'origine, elle se trouvait sur le boulevard de l'Hôpital, en face de la rue du Marché-aux-Chevaux, à côté d'une Poudrière qui a joué un certain rôle dans la Révolution de 1830. Elle devait son nom aux deux moulins de la Salpétrière, ses voisins immédiats, & ils étaient rasés depuis longtemps qu'on en parlait encore, à cause de la galette qu'on allait y manger.

Cette place, qu'elle occupa jusqu'à la Reſtauration, était à peu près celle qu'elle avait occupée avant 1784, ainsi que le conſtate le plan de J.-B. Nolin, de 1699. Il y a même eu pendant de longues années un poſte de soldats à l'endroit même où se trouvait jadis la *Hutte des Gardes.* Plus tard, lorsque le village de guinguettes, appelé *Village d'Austerlitz,* fut enclavé dans Paris, c'eſt-à-dire vers 1818, le mur d'enceinte, qui était alors sur le boulevard de l'Hôpital, fut reporté beaucoup plus loin, jusqu'au delà des rues Bruant & Bellièvre, &, tout naturellement, la barrière des Deux-Moulins & sa voisine, la *Barrière d'Ivry*, durent se reculer d'autant.

A proprement parler, & quoique les Dictionnaires & les Plans de Paris constatent l'existence indépendante de ces deux barrières, elles n'en formaient qu'une seule & unique, si mes souvenirs de jeunesse me servent bien. Ce que les plans appellent la *Barrière d'Ivry*, c'est ce que le peuple du faubourg Marceau a toujours appelé la *Barrière des Deux-Moulins*. Pour ma part, je n'en ai jamais connu d'autre, au plus loin que je me reporte dans le passé : c'est bien celle qui se trouvait à l'extrémité de trois rues, la rue d'Austerlitz, la rue du Chemin des Étroites-Ruelles & la rue de l'Hôpital, — ces deux dernières transformées depuis : l'une en rue de Campo-Formio, l'autre en rue Pinel.

Barrière des Deux-Moulins ou *Barrière d'Ivry*, elle avait une physionomie bien tranchée, — à faire croire qu'elle n'appartenait en aucune façon au Paris qui l'avait accaparée, par un caprice de millionnaire qui ferait collection de liards, par une fantaisie de coquette qui s'enguirlanderait de haillons. C'était le jour & la nuit, la soie & la bure, les bottines vernies & les sabots, l'eau de lavande & l'eau du ruisseau. Les Deux-Moulins étaient, — & sont encore un peu, parce qu'on ne décrète pas l'abolition de la Misère aussi facilement que l'abolition de la Contrainte par corps, — les Deux-Moulins sont un pays d'où l'on vient, mais où l'on ne va pas, & les habitants de ce pays-là ne s'occupent pas plus des autres pays, c'est-à-dire des autres quartiers, qu'ils ne s'occupent des Samoïèdes ou des Patagons. Ils ont leurs mœurs à part, leur besogne à part, leurs peines à part, — à part aussi leurs plaisirs. Dans cet ancien village d'Austerlitz, & au delà de la barrière des Deux-Moulins, sont des rues bordées de maisons basses, bâties comme pour l'amour de Dieu, avec un peu de plâtre & beaucoup de boue; cela ressemble plus à des rabouillères, à des huttes de Lapons, qu'à des habitations de civilisés : maisons de petites gens, en effet, que ces maisons-là! Maisons dignes des rues, rues dignes des maisons, & habitants dignes des maisons & des rues. On se sent dans le voisinage de la Salpétrière, — une maison de folles qui a commencé par être une maison de gueux.

Je vous recommande la Cité Doré, ou *Villa des Chiffonniers*, à laquelle mon bien cher & bien regretté Privat d'Anglemont a consacré une quinzaine de pages de son *Paris-Anecdote*. C'est très-pittoresque, — & encore plus affligeant.

LA BARRIÈRE DE FONTAINEBLEAU

Elle s'eft appelée aussi *Barrière d'Italie*, parce que c'était le chemin que prenaient autrefois les chaises de pofte qui emportaient les touriftes & les amoureux vers le pays regretté de Mignon, — le pays où fleurit l'oranger. Elle s'eft appelée aussi *Barrière Mouffetard,* parce qu'elle servait de limite à cette rue fangeuse & populacière à propos de laquelle les étymologiftes ont flotté longtemps comme de simples bouchons de liége sur l'Océan de l'incertitude : était-ce, en effet, *mons cetarius* ou *mons cetardus*? Grave queftion ! perplexité gordienne que je ne me charge pas de trancher.

Cette barrière de Fontainebleau — ainsi nommée parce qu'elle conduisait au pays où mûrit le chasselas & où excursionnent les paysagiftes — s'eft appelée enfin *Barrière des Gobelins,* à cause de son voisinage de la célèbre manufacture de tapisseries fondée par Louis XIV, c'eft-à-dire par Colbert, dans l'hôtel du président Leleu, situé au milieu d'aulnaies & de bois baignés par la petite rivière de Bièvre.

Le quartier Saint-Marcel, qu'il faut traverser pour arriver à cet établissement sans rival, eft un des plus laids & des plus triftes de Paris, — probablement parce qu'il eft le plus pauvre. On ne l'appelle pas pour rien le *faubourg souffrant*. Mais quand on a franchi cette zone puante qui commence à la rue Descartes, & qu'on eft arrivé au sommet de la rue Mouffetard, c'eft-à-dire au rond-point de la barrière de Fontainebleau, on eft amplement dédommagé des émanations subies tout le long de la route, &, si l'on n'eft point ingrat, on se remercie du spectacle qu'on s'offre alors sans qu'il en coûte rien. En se plaçant au point d'intersection du boulevard de l'Hôpital & du boulevard des Gobelins, derrière le grand café qui se trouve élevé jufte sur l'ancienne *Butte-aux-Cailles* — où, le 3 juillet 1815, le matin même de la dernière capitulation de Paris, étaient deux obusiers & seize pièces de canon, — on a devant soi la montagne Sainte-Geneviève, dont les principaux monuments se découpent majeftueusement sur le ciel : le dôme du Val-de-Grâce, le clocher de Saint-Étienne-du-Mont, la tour du collége Henri IV, le dôme du Panthéon, le clocher de Saint-Jacques-du-Haut-Pas ; puis, au-dessous, descendant comme les gradins d'un amphithéâtre vers le fond du vallon où serpente la Bièvre, d'innombrables rangées de toitures pittoresques, de séchoirs de mégissiers, de greniers de tanneurs, &, plus bas encore, des étendages de blanchisseuses, qui sont du meilleur effet — à cette diſtance.

L'endroit eſt plaisant à l'œil, & je comprends qu'il ait été choisi autrefois comme séjour par de grands seigneurs & par de grandes dames. On le croirait difficilement aujourd'hui, à cause des émanations nidoreuses qui s'échappent de ces Marais-Pontins de l'induſtrie parisienne ; cependant les chroniques l'affirment. On a même découvert en 1813, dans le sable des bords de la Bièvre, derrière les Gobelins, cette inscription sur cuivre, portant la date de 1527 :

« DANS CE POURPRIS LE GRAND FRANÇOYS PREMIER
TREVVE TOVSIOVRS JOVISSANCE NOVELLE
QV'IL EST HEVREVX CE LIEV SOVEF RECÈLE
FLEVR DE BEAVTÉ DIANE DE POICTIERS. »

Ah ! cher Clos-Payen ! poétique Champ-de-l'Alouette ! je vous donne ici le salut suprême, car j'ai peur de ne plus vous retrouver, au train dont vont les « embellissements » de Paris. Quand je repasserai au printemps prochain pour entendre le sifflement ironique des merles qui se cachent dans vos haies, & les chansons égrillardes des lavandières qui se cachent derrière vos saules, — Galathées en sabots, — les chants auront cessé...

C'eſt par la barrière d'Italie que, le soir du 20 mars

1815, Napoléon rentrait dans Paris, au moment où Louis XVIII en sortait par la barrière de Clichy. Le 26 février, il avait quitté l'île d'Elbe avec quatre cents hommes de sa garde. Le 1er mars, il entrait dans le golfe Juan & se rendait à Cannes, puis à Grasse. Le 3, il couchait à Barême. Le 4, il dînait à Digne. Le 5, il couchait à Gap; le 6 à Gorp, le 7 à Grenoble, le 8 à Bourgoin. De Grenoble à Lyon, marche triomphale. Le 10, à neuf heures du soir, il traversait la Guillotière presque seul, mais environné d'une population immense. Il repartait le 11, arrivait le 13 à Villefranche, franchissait au pas de course Mâcon, Tournus, Châlons. Le 15, il couchait à Autun, le 16 à Avallon, le 17 à Auxerre, le 18 à Fossard, & le 20 mars, à quatre heures du matin, il arrivait à Fontainebleau. Ainsi, — pour parler comme *le Moniteur,* qui avait une injure pour tous les vaincus & un éloge pour tous les vainqueurs, quels qu'ils fussent, — ainsi s'était terminée, sans répandre une goutte de sang, sans trouver aucun obftacle, cette légitime entreprise qui rétablissait la Nation dans ses droits, dans sa gloire, & effaçait la souillure que la trahison & la présence de l'étranger avaient répandue sur la capitale! Ainsi s'était vérifié ce passage de l'Adresse de l'Empereur aux soldats « que l'aigle, avec les couleurs nationales, volerait de clocher en clocher jusqu'aux tours Notre-Dame. » En dix-huit jours le brave bataillon de la garde avait franchi l'espace compris entre le golfe Juan & Paris, — espace qu'en temps ordinaire on mettait quarante-cinq jours à parcourir! C'était, en effet, merveilleux.

Un souvenir moins triomphal qui se rattache à la barrière de Fontainebleau, c'eſt le meurtre du général Bréa & l'exécution de ses meurtriers, — le dernier épisode des lugubres journées de juin 1848.

Le 25 juin, alors que l'insurrection était étouffée dans les autres quartiers de Paris, 2,500 insurgés tenaient bon encore à cette barrière, où s'élevaient de menaçantes barricades. Le général Bréa de Ludre, qui la veille avait pris le commandement exercé par le général Damesme, mortellement blessé au Panthéon, vint les reconnaître à la tête de deux bataillons d'infanterie de ligne, de deux pièces d'artillerie & de détachements de gardes mobiles. Avant d'en venir aux mains, il voulut faire une tentative pacifique & s'avança pour parlementer vers la principale barricade, qu'il franchit, suivi du capitaine Mangin, son aide de camp, de M. Desmaretz, chef de bataillon au 24ᵉ de ligne, & de M. Gobert, chef de bataillon de la 12ᵉ légion de la garde nationale. Une demi-heure après, son aide de camp & lui étaient fusillés par les insurgés, exaspérés par une injuſte soif de représailles. Quant à MM. Desmaretz & Gobert, ils étaient parvenus à s'échapper.

Six mois après, le 15 janvier 1849, vingt-quatre des insurgés de la barrière Fontainebleau étaient traduits devant le conseil de guerre de Paris, présidé par le colonel Cornemuse, pour rendre compte de l'assassinat du général Bréa & du capitaine Mangin. Le 7 février, trois d'entre eux étaient acquittés & cinq condamnés à mort : Chopart, commis libraire ; Vappereaux jeune, garçon marchand de chevaux ; Noury, garnisseur de couvertures ; Lahr, maçon, & Daix, dit le *Bon Pauvre,* adminiftré de Bicêtre. Ces deux derniers seuls furent exécutés, le 17 mars, au rond-point intérieur de la barrière, devant l'arbre de la liberté planté là en février 1848.

LA BARRIÈRE CROULEBARBE

C'était une petite barrière modeſte située vers le milieu du boulevard des Gobelins, à l'endroit même où la petite & modeſte rivière de Bièvre fait son entrée dans Paris. Son nom lui venait d'un moulin qui avait exiſté à quelque diſtance de là, un siècle ou deux auparavant, & personne ne le connaissait, hormis les gens des environs & les employés de l'octroi, — de purs sinécuriſtes dont l'unique fonction consiſtait à regarder couler l'eau de la Bièvre & à faire des ronds dedans, du haut du parapet du ponceau jeté sur ce rivulet. Personne même ne l'aurait jamais connu si, le 25 mai 1827, un drame sanglant ne l'avait tout à coup révélé à la population parisienne & ne lui avait donné un retentissement auquel il ne s'attendait pas.

A cinq minutes de la barrière Fontainebleau, la

voisine immédiate de la barrière Croulebarbe, exiſtait un marchand de vins nommé Ory, — dont les homonymes peuplent encore le quartier. Il avait pour garçon de service un adolescent, Honoré-François Ulbach qui, avant d'entrer chez lui, avait passé une quinzaine de mois à Poissy & à Sainte-Pélagie comme vagabond. Malgré ces fâcheux antécédents, dus à l'abandon dans lequel sa famille l'avait laissé de bonne heure, son patron ne se plaignait pas de lui, & peut-être que sa vie, gâtée à son début, eût fini par s'honorabiliser tout à fait, si une femme ne se fût trouvée sur ſon chemin.

Cette femme était une humble servante, jeune, jolie & honnête, nommée Aimée Millot, & plus connue par les habitants de l'avenue d'Ivry — où demeurait sa maîtresse, la veuve Détrouville — sous le nom de la *Bergère d'Ivry*, parce qu'on la rencontrait souvent avec un petit troupeau de chèvres qu'elle gardait, comme sainte Geneviève son troupeau de moutons, en lisant ou en travaillant. Aimée Millot n'avait jusque-là aimé personne,—non plus qu'Honoré Ulbach : il la vit & il l'adora, elle le vit & elle se laissa adorer. Les rares passants que le hasard de leurs affaires ou de leurs promenades amenait sur le boulevard des Gobelins souriaient malignement en contemplant ces deux jeunes gens devisant d'amour, assis côte à côte sur le revers d'une *cuvette* tapissée d'une herbe épaisse que broutaient goulûment quelques chèvres ; & plus d'un, parmi ces passants, après avoir souri, soupirait en songeant à l'avenir de félicités promis à ce couple entrelacé.

Mais les passants se trompaient en préjugeant aussi favorablement de l'avenir de ces deux jeunes gens, — dont le bonheur ne devait avoir que la durée de l'éclair. Un matin, comme Honoré était seul dans le cabaret, Aimée Millot entra, rapportant — sur l'ordre de sa maîtresse — les petits cadeaux de fiançailles qu'il lui avait offerts quelques mois auparavant, c'eft-à-dire une *pointe* rose, deux oranges & une bouteille de cassis. La veuve Détrouville — qui avait passé l'âge des passions & qui condamnait, comme indigne, celle qui consumait le cœur du garçon marchand de vins, — cette veuve trop sage avait exigé ce sacrifice de sa servante, qui lui avait obéi, parce que les petits doivent obéir aux grands, les pauvres aux riches, les domeftiques aux maîtres. Elle avait obéi, puis elle s'était sauvée, au fond peut-être honteuse de la méchante aftion qu'on lui avait imposée ; car, quelque rapidité qu'elle eût mise à se débarrasser de la bouteille de cassis, des deux oranges & du fichu rose, elle avait eu le temps de voir les larmes du pauvre amoureux éconduit par elle.

Honoré Ulbach, orphelin pour la seconde fois, — puisqu'il perdait la seule affeftion qui l'attachât à la vie, — devint, à partir de ce jour, d'une invincible mélancolie. Son patron lui fit quelques représentations paternelles, puis quelques reproches mérités, & finalement, voyant qu'il négligeait tout à fait son service & qu'il ne tenait nul compte de ses représentations ni de ses reproches, de ses encouragements ni de ses menaces, il le renvoya.

Ulbach prit ses hardes & s'en alla rôder dans les environs de la barrière Croulebarbe, pour tâcher d'y rencontrer sa bergère & — qui sait? — de la fléchir. Mais il eut beau attendre sous les ormes, Aimée ne se montra pas ce jour-là, & il dut chercher un asile pour sa nuit.

Il avait connu en prison deux chenapans, les fils Champenois, qui demeuraient avec leur mère rue des Lyonnais, la plus pauvre rue du plus pauvre quartier de Paris : il alla frapper à cette porte qui s'ouvrit sans peine, & on lui donna l'hospitalité. La mère & les deux fils étaient *motteux* : Ulbach, pour gagner son pain, fit des mottes avec eux, & cette exiſtence, quoique pénible, il l'eût supportée sans se plaindre, habitué à pâtir qu'il avait été dès son enfance, si la chère & cruelle Aimée avait permis qu'il reprît avec elle, de temps en temps, les papotages amoureux d'autrefois. Aimée, c'était le soleil qu'il fallait à sa vie pour l'éclairer & la réchauffer ; elle absente, tout était morne & froid pour lui. Il alla rôder de nouveau sur le boulevard des Gobelins, mais sans être plus heureux cette fois que la précédente. Tout au contraire, ce qu'il gagna à avoir abandonné la famille Champenois, ce fut de rencontrer un garçon de son ancien patron qui lui remit une lettre d'Aimée, — un congé en bonne & due forme.

Aimée, en signant cette lettre, avait signé son arrêt de mort.

Quelques jours après, le 25 mai, dans l'après-midi, Aimée achetait du grain dans une boutique de l'avenue d'Ivry. Honoré entra, la figure bouleversée, les yeux égarés :

— Aimée, il faut que je vous parle ! dit-il d'une voix sifflante.

— C'eft impossible ; madame Détrouville m'attend pour le dîner, répondit la jeune fille effrayée.

Elle sortit en grande hâte. Honoré la suivit à distance & finit par la perdre de vue. Comme il ruminait en son esprit de siniftres pensées, il aperçut sur le boulevard une enfant nommée Julienne, chevrière comme Aimée qui avait pour elle une affection de grande sœur à petite sœur. La présence de l'une annonçait ordinairement la présence de l'autre :

— Puisque Julienne eft là, se dit Honoré, Aimée ne tardera pas à venir.

Vers trois heures & demie, en effet, la jeune servante de madame Détrouville apparut. Ulbach, qui jusque-là s'était tenu caché derrière un gros orme, alla droit à elle & lui dit d'une voix où la prière dominait la menace :

— Pourquoi voulez-vous vous en aller de moi, Aimée ? Pourquoi ne voulez-vous plus que je vous fréquente ?

— Madame ne le veut pas, répondit Aimée, que cet accent mouillé de triftesse ne touchait pas ; madame ne le veut pas, parce qu'elle prétend que vous êtes un mauvais sujet...

— Un mauvais sujet! moi, qui ne vous recherche que pour le bon motif!

— Si, si, vous me trompez, madame me l'a dit, & vous ne devez plus chercher à me voir : vous m'affichez...

— Oui, vous aimez mieux vous afficher avec des messieurs comme celui avec qui je vous ai rencontrée un dimanche...

— C'était mon cousin germain... Et, d'ailleurs, je sors avec qui je veux : cela ne regarde personne.

Puis, voyant Honoré se rapprocher d'elle d'un air sombre, & désireuse de couper court à un entretien qui débutait si mal, Aimée dit à la petite chevrière sa compagne :

— Julienne, va donc me chercher une tasse d'eau au regard, j'ai soif... Ensuite nous rentrerons, car il va faire de l'orage...

Un grondement de tonnerre confirma ces paroles de la jeune fille, qui refta seule un inftant avec Ulbach, qui la regardait toujours d'un air siniftre. La petite Julienne revint, une tasse pleine d'eau, & la préfenta à Aimée. Celle-ci se disposait à boire, lorsque, d'une voix qui grondait comme le tonnerre, Honoré l'en empêcha en disant :

— Vous ne boirez pas! vous m'écouterez!... Voyons, Aimée, eft-ce bien vrai que tout eft fini?...

Sans rien répondre, Aimée s'éloignait, — de plus

en plus effrayée des menaces du temps & de celles de
son amant : celui-ci la retint d'une main, & de l'autre
il la frappa de plusieurs coups de couteau.

— Tu ne t'en iras pas, maintenant! murmura-t-il
avec rage en frappant toujours.

Aimée Millot tomba en criant :

— Au secours!

La petite Julienne qui, d'abord épouvantée, avait
fui, se rapprocha inftinctivement d'elle pour la se-
courir :

— Ma mie Julienne, lui dit Aimée dans un dernier
souffle, je suis morte; va chercher madame...

La petite fille, rassemblant aussitôt son troupeau
de chèvres, s'éloigna en grande hâte dans la direction
de l'avenue d'Ivry, — sans oser regarder derrière elle.

L'assassin n'était plus là, pourtant : en voyant tomber sa maîtresse, & comprenant que des cinq coups
frappés en pleine poitrine il y en avait au moins un
« de bon, » il s'était enfui, terrifié, — sans oser, lui
non plus, regarder derrière lui. Il s'était enfui, aban-
donnant ce pauvre cher cadavre dont l'eau du ciel
allait bientôt laver les plaies sanglantes, & résolu à en
finir avec la vie par ses propres mains plutôt que par
celles du bourreau.

La nouvelle de ce crime circula rapidement dans
Paris, qui s'intéressa à la victime, — & même à son
meurtrier, parce qu'il s'agissait là d'amour & de ja-
lousie, & que les passions sont une chose si extraordinaire à notre époque bourgeoise, où tout eft plat,

mesquin & fade, qu'on eft disposé à s'émerveiller & à absoudre quand l'une d'elles éclate en plein jour & en pleine rue. Un assassin n'eft pas un homme comme un autre, da! Tout le monde ne saurait pas tuer!

Honoré Ulbach & Aimée Millot devinrent donc les lions du moment, & remplacèrent la girafe dans les préoccupations admiratives des Parisiens. Ils étaient jeunes tous deux, Aimée était une bergère, Honoré était un enfant trouvé; & puis, si elle était morte, il s'était tué, — on le supposait du moins : tout cela intéressait fortement les esprits badauds de la grande ville.

Honoré ne s'était pas tué : tout le courage qu'il avait en lui, il l'avait dépensé à frapper la seule créature qu'il aimât au monde, & il ne lui en reftait plus assez pour se frapper lui-même. Cruel envers une femme, il était lâche envers lui-même ; ou plutôt, les ressorts de son âme étant détendus, il ne songeait pas plus à s'ôter la vie qu'à la défendre, — tout lui étant désormais indifférent.

Et la preuve, c'eft qu'après avoir erré çà & là pendant huit jours, il se présentait, le 3 juin, devant un commissaire de police & s'avouait l'auteur de l'assassinat commis, le 25 mai, barrière Croulebarbe.

Il comparut, le 27 juillet, devant la cour d'assises de la Seine & fut condamné à la peine de mort, — qu'il subit, résigné, le 10 septembre suivant.

Telle eft la simple hiftoire de la bergère d'Ivry & de la barrière Croulebarbe.

J'ai vu, dans mon enfance, le petit tumulus élevé sur le boulevard des Gobelins à la mémoire de la « bonne amie » du pauvre Ulbach, & je me rappelle les frissons de terreur qui s'emparaient de moi en songeant à cette aventure ainsi dénouée, dont je ne comprenais pas alors le sens doublement dramatique. Le tumulus a disparu depuis longtemps, — & aussi le souvenir de la bergère d'Ivry & de son assassin.

Quant à la barrière Croulebarbe, inconnue avant cet événement, inconnue après, peut-être n'a-t-elle jamais intéressé personne que moi, qui suis né sur les bords de la Bièvre, — une Voulzie que m'ont gâtée les mégissiers, les amidonniers, les teinturiers & les tanneurs. On m'a reproché de l'aimer, en me demandant pourquoi je l'aimais ; j'ai ma réponse prête, — celle de Montaigne à propos d'Étienne de la Boëtie : parce que c'était elle, parce que c'était moi.

LA BARRIÈRE DE LA GLACIÈRE

Elle n'avait qu'un seul bâtiment à deux périftyles, chacun de trois colonnes, — ce qui était suffisant. Son nom lui venait de ce qu'on la traversait pour aller au village de la Glacière, autrefois célèbre, aujourd'hui délaissé. Autrefois, dans l'espace compris entre la ruelle Barrot & la poterne des Peupliers, il y avait une succession de prés qu'inondaient chaque année les deux bras de la Bièvre & aussi la Fontaine-à-Mulard, où j'ai souvent polissonné avec de petits faubouriens de mon âge — des échantillons de la nombreuse tribu des Beni-Mouffetard. L'hiver, l'eau des prés gelait, &, avant d'en casser la glace, on autorisait les amateurs des deux sexes à y venir patiner. Plus tard, les amateurs émigrèrent, & aujourd'hui les étangs de la Glacière sont complétement abandonnés pour les lacs du Bois de Boulogne, — qui offrent pourtant plus de dangers.

Cette barrière de la Glacière s'est aussi appelée *Barrière de Lourcine*, parce qu'elle était située dans le voisinage de la rue de ce nom, que les frères Lazare affirment être une corruption de *Laorcine*. Les frères Lazare sont certainement en pofture d'être mieux informés que moi, puisqu'ils sont employés à la Préfecture de la Seine. Toutefois je me permettrai de leur rappeler que quelques auteurs ont supposé — avec raison — que ce nom venait de *locus cinerum*. Barrière de Lourcine ou barrière de la Cendrée, c'était tout un.

LA BARRIÈRE DE LA SANTÉ

Je ne connais pas à Paris de quartier plus désert, malgré son nom fort engageant. Ou les Parisiens connaissent l'antiphrase, & savent que les Furies s'appelaient *Euménides,* ou ils dédaignent les occasions qui leur sont offertes de se bien porter. Ah! il y a de l'espace, de l'air, de la solitude par là, entre le Champ des Capucins & le boulevard Saint-Jacques! Eh bien! nous n'irons pas! nous préférons nous entasser, comme harengs en caque, dans les quartiers bruyants & dans les rues malsaines!

A cela il n'y a rien à objecter : les Parisiens sont libres, — du moins ils ont fait trois ou quatre révolutions pour l'être.

La rue de la Santé est donc une rue déserte, & la Barrière de la Santé, située à l'extrémité de cette rue, était donc une barrière peu fréquentée, sinon par les parents ou amis des pensionnaires de l'*Hospice Sainte-Anne*, — & les pauvres n'ont presque pas de parents & pas du tout d'amis.

Il eſt inutile d'ajouter que cette humble & mélancolique barrière n'était décorée d'aucune architecture à la Le Doux. A quoi bon, en effet? Une grille suffisait : elle avait une grille, mais voilà tout.

LA BARRIÈRE SAINT-JACQUES

Avant l'arrêté préfectoral du 20 janvier 1832, approuvé par décision ministérielle du 23 du même mois, qui ordonnait qu'à l'avenir l'exécution des condamnés à mort aurait lieu sur la place demi-circulaire ménagée en avant de cette barrière, on l'appelait la *Barrière d'Arcueil*, & son nom n'évoquait aucun souvenir lugubre.

Cependant un chercheur d'étymologies & de rapprochements eût trouvé le mot d'*Arcueil* bien fatidique. On le fait venir d'*arculi*, arches d'aqueduc, — & l'aqueduc d'Arcueil, à deux kilomètres de là, existait déjà, en effet, du temps des Romains, du moins on peut voir encore deux arches bâties vers le quatrième siècle pour conduire les eaux de Rungis au palais des. Thermes de Julien l'Apoftat; mais Feftus Pompeius emploie aussi *arcula* dans le sens d'*oiseau de sinistre présage.* Lorsque Ronsard allait, en galante compagnie, rendre visite à son ami Jodelle, qui possédait à Arcueil un petit vide-bouteilles,— un *diversoriolum* comme celui d'Horace à Cumes, ou de Catulle sur les bords du lac de Garde, — il ne se doutait guère qu'un jour, à un endroit du chemin qu'il avait l'habitude de prendre, & où il s'arrêtait même quelquefois, des têtes humaines rouleraient sanglantes. N'était-ce pas assez d'une place déshonorée, la vieille place de Grève?

Je ne passe jamais là sans un tressaillement de cœur. Ce n'eft rien, sans doute, qu'une place sans monument indicateur, sans inscription & sans poteau. Il y a là des pavés comme sur toutes les places, &, tout autour, de magnifiques ormes comme autour de n'importe quel rond-point. Rien n'y crie, rien ne s'y lamente, rien n'y protefte. Seulement les vieux arbres inclinent de temps en temps leurs vieilles branches grises de poussière d'un air presque mélancolique, —comme pourraient le faire des vieillards avec leurs têtes chenues! Seulement il n'y a pas ou presque pas de maisons autour de ce Golgotha des misérables larrons & des assassins vulgaires! Seulement, pour l'œil & pour l'esprit du rêveur qui interroge tout — depuis la couleur des pavés jusqu'au frémissement des arbres, —

c'eſt là un lieu maudit, un lieu siniſtre, un lieu de mort !

Oui, l'herbe pousse là comme sur un honnête sentier ! Oui, les oiseaux chantent & sautent sur les ramures de ces vieux arbres qui ont assiſté pendant vingt ans au dénoûment brutal de tant de drames judiciaires ! Oui, — parce que la Nature eſt d'une superbe indifférence pour les douleurs humaines, — parce qu'elle n'a de soucis que pour chacune des graines qu'elle fait germer & se développer, — parce qu'elle n'a d'entrailles que pour ses œuvres immortelles ! La créature périssable ne l'émeut pas. L'homme n'eſt que l'accessoire de sa création grandiose : il peut mourir sans qu'elle voile sa face auguſte & sereine devant son agonie, sans qu'elle interrompe un seul inſtant sa mission souveraine. Ah ! cirons ! parce que vous faites des livres, parce que vous bâtissez des cathédrales, vous croyez valoir mieux qu'un brin d'herbe ? Regardez de votre dernier regard, de votre regard de moribond : les prés sont plus verts, le ciel plus bleu, le soleil plus lumineux, les fleurs plus parfumées ! Écoutez : jamais les oiseaux n'ont gazouillé de plus joyeuses chansons !

On cite souvent les illuſtrations criminelles — & quelquefois innocentes — de la place de Grève, cette héritière de Montfaucon, & la liſte en eſt longue. Marguerite Porette, une hérétique, ouvre la marche en 1310. Après elle défilent des noms d'hommes & de femmes, de magiſtrats & de guerriers, de philosophes

& de poëtes, de fanatiques & de rêveurs. Les Desrues & les Brinvilliers y abondent, — & aussi les Ravaillac & les Damiens, — & aussi les Étienne Dolet & les Claude Petit! Sans parler des Sergents de la Rochelle...

Les illuſtrations de la place de la Barrière Saint-Jacques — cette *Abbaye de Monte-à-Regret* du règne de Louis-Philippe — ne sont que de deux catégories : des coquins & des fous, des meurtriers & des conspirateurs, — des Lacenaire & des Alibaud, des Poulmann & des Fieschi.

En traversant cette barrière & en songeant à sa destination, je n'ai jamais pu m'empêcher de songer à cette boutade funèbre de Danton : « Il y a des verbes qui ne peuvent se conjuguer dans tous leurs modes... On dit bien : *Je serai guillotiné,* mais on ne dit pas : *J'ai été guillotiné.* » Ah! si l'on pouvait dire cela, au moins on saurait à quoi s'en tenir sur bien des choses, — & spécialement sur la prétendue « douleur » du supplice imaginé par le doſteur Guillotin, à la grande joie des philanthropes, qui affirment que « cela ne fait pas souffrir. » On voit bien qu'ils n'ont pas essayé.

LA BARRIÈRE D'ENFER

L'eau-forte d'Émile Thérond me dispense d'une description monumentaire, — pour laquelle d'ailleurs je ne me sentirais aucun goût.

D'ailleurs aussi, les deux pavillons de Le Doux sont encore à leur place, où l'on peut aller les admirer. Ce sera une excellente occasion, soit de prendre le chemin de fer de Sceaux & d'aller cueillir les premiers muguets dans le bois d'Aunay, soit de visiter les Catacombes, dont l'entrée se trouve précisément dans la cour du pavillon de droite.

Pourquoi *Barrière d'Enfer?* Parce que située à

l'extrémité de la rue d'Enfer, — une rue qui a donné bien du fil à retordre aux étymologiftes & aux historiens. C'était au quinzième siècle — difent les frères Lazare — « un chemin nommé de *Vanves* & d'*Issy*, parce qu'il conduisait à ces deux villages; plus tard on le défigna sous la dénomination de *Vauvert*, parce qu'il se dirigeait vers le château sur l'emplacement duquel les Chartreux bâtirent leur couvent; plus tard on l'appela *Rue d'Enfer*, parce qu'elle devint un lieu de débauche & de voleries, un *enfer* pour les pauvres bourgeois qui se hasardaient le soir dans ce quartier perdu. » Les frères Lazare ignorent sans doute que la rue d'Enfer, avant de s'appeler Chemin de Vanves, ou d'Issy, ou de Vauvert, s'eft appelée *Via infera*, — parce que voie inférieure. *Infera*, & non pas *inferna*. Les « pauvres bourgeois » avaient autant de dangers à courir à n'importe quelle autre extrémité de Paris qu'à celle-là, surtout la nuit.

Quoi qu'il en soit de son étymologie, c'eft une des plus belles entrées de Paris, il faut le reconnaître, — pavillons de Le Doux à part. Elle ne nous fait pas honte, au moins, comme la plupart des autres barrières. La route d'Orléans, qui continue la rue d'Enfer, eft d'une largeur convenable, & les maisons qui la bordent jusqu'aux fortifications ne la déshonorent pas. Bien qu'elle soit très-passante, elle n'a pas le fourmillement vertigineux de certaines autres routes voisines de Paris; le bruit qui s'y fait, aux jours fériés, n'eft pas aussi insupportable qu'ailleurs; la poussière qui y tourbillonne l'été, sous les pas des nombreux troupeaux de bœufs du marché de Sceaux, y est moins désagréable à avaler qu'ailleurs. Aussi je m'explique pourquoi les joueurs de boules, chassés des Champs-Élysées, — où ils régnaient en maîtres depuis si longtemps, — se sont réfugiés sur la contre-allée qui vient aboutir au pavillon de droite de l'ancienne barrière d'Enfer, en face de la rue du Champ-d'Asile. Ils y ont de l'ombre & de l'espace, & peuvent lancer en toute sûreté leur *cochonnet*, dont la trajectoire ne menace plus les jambes de personne, — si ce n'est des Ferragus qui assistent aux émotionnantes péripéties de ce jeu renouvelé des Grecs.

Au delà de la barrière, à gauche, est l'Hospice la Rochefoucauld, une maison de retraite pour les vieillards qui ont su conserver « une poire pour la soif, » — & qui ne savent plus boire. En deçà, à droite, un peu en face d'une maison habitée par Béranger, est l'Infirmerie Marie-Thérèse, fondée par Chateaubriand, cet écrivain qui a produit en France, avec son *René*, les mêmes ravages que Gœthe en Allemagne avec son *Werther*. Nous sommes les fils de René, mes frères : c'est pour cela que nous manquons de gaieté...

Des Catacombes, sur lesquelles est bâti tout ce quartier, depuis la route d'Orléans jusqu'à la Seine, je voudrais bien dire quelque chose, parce que intéressantes, mais l'espace me manque ici ; d'autres barrières nous attendent, où j'ai le devoir de vous conduire sans plus tarder. Je le regrette, car il m'eût été agréable de descendre de nouveau, cette fois avec vous, dans cet immense ossuaire où dorment, superposées, tant de générations qui ont aimé, pleuré, souffert & ri comme nous sommes nous-mêmes en train de rire, de pleurer, d'aimer & de souffrir, — sans savoir pourquoi ni comment. Ce n'eſt pas à la Sorbonne que s'enseigne la philosophie, — c'eſt-à-dire l'indifférence : c'eſt dans ces caves funèbres où tant d'ossements humains sont empilés, bouteilles vides d'âmes !

LA BARRIÈRE DE MONTROUGE

On avait fini par comprendre ce qu'il y avait de blessant pour le regard & de choquant pour l'esprit dans cette interminable procession de corbillards tout le long de la rue du Montparnasse, sillonnée par une allée & venue continuelle d'ivrognes attirés ou repoussés par les cabarets de la rue de la Gaieté; on avait fini par comprendre, &, en 1854, on avait troué le mur d'enceinte à la hauteur de la rue Campagne-Première, sur le boulevard d'Enfer, presque en face de l'entrée du cimetière du Sud, afin d'éviter désormais aux familles des défunts l'indécence d'un contact trop jovial, qui formait une antithèse un peu trop forte.

Du refte, pas de monuments (1) comme le témoigne le dessin de Thérond. On n'avait eu ni le temps, ni l'envie d'en conftruire seulement un. Quand la journée était terminée, qu'il n'y avait plus de convois à passer, les employés de l'octroi se retiraient chez eux, en se félicitant d'être encore de ce monde, — comme s'il y avait de quoi.

Le corbillard des pauvres que l'on voit sur ce dessin, franchissant la barrière de Montrouge, se dirige vers le cimetière du Sud, où la fosse commune attend son voyageur, — un privilégié, quoique pauvre, puisqu'il reposera en terre sainte. S'il était mort à l'hôpital, & que personne n'eût réclamé son corps — personne, excepté les carabins de l'amphithéâtre — ce n'eft pas à droite qu'il irait, c'eft en face, dans le *Cimetière des suppliciés,* appelé aussi le *Cimetière des hospices.*

Je l'ai dit ailleurs, &, puisque j'en trouve l'occasion, je le répète ici, les deux cimetières sont voisins, mais un mur les sépare, — le mur de l'intolérance & du préjugé. L'un a une entrée de bonne maison, avec avenue seigneuriale, gardiens en tricorne & en tunique bleu de roi, & les sépultures qu'on y voit sont faites pour durer longtemps — plus longtemps que le souvenir des gens qui sont dedans — dans le cœur des

---

(1) Les frères Lazare conftatent cependant l'exiftence d'un pavillon. Sans doute, mais il était de beaucoup antérieur à l'année 1854, à ce qu'il me semble du moins, & je ne crois pas qu'il ait jamais eu la deftination que lui prêtent les auteurs du *Dictionnaire des rues de Paris.*

gens qui sont dehors. A chaque pas l'œil du promeneur indifférent eft sollicité par des épitaphes émouvantes & forcé de se mouiller des douces larmes de l'attendrissement en s'apercevant que toutes les vertus se sont réfugiées dans cette somptueuse nécropole : *Bon époux, bon père, bon fils, bon citoyen ; excellente fille, excellente mère, femme fidèle, sœur dévouée, ami discret,* etc. D'où il eft naturel de conclure que, si les morts ont tant de vertus, il n'eft pas étonnant que les vivants en aient si peu. C'eft l'hiftoire de la fameuse jument de Roland, qui avait toutes qualités, — sauf...

L'autre cimetière — le voisin de cet orgueilleux accapareur de toutes les vertus sociales — se cache sous l'herbe comme la violette, & il sent aussi bon qu'elle. Je n'exagère pas. Il y a là, en face de cette barrière de Montrouge, aujourd'hui démolie, de l'autre côté du boulevard extérieur, au milieu d'un mur qui n'en finit pas, une grande porte charretière qui pourrait s'ouvrir si elle le voulait, — mais qui ne le veut presque jamais. Pourquoi s'ouvrirait-elle? N'y a-t-il pas à côté d'elle, à gauche, couronnée de lierre, une petite porte? Cette petite porte eft bonne enfant comme tout. Il y a un loquet, une bobinette, je ne sais plus quoi : on tire, — & la petite porte s'ouvre. Vous êtes dans un jardin. A droite, des lilas & du jasmin; à gauche, la maison du concierge, qui n'a pas d'uniforme & qui ne vous demande pas où vous allez. Pourquoi s'en informerait-il, cet homme? Cette pré=

caution n'eft de mise que dans les riches hôtels où il y a des marquises au second & des lorettes au premier; mais là, dans cette pauvre maison hantée par des gens de peu — les uns misérables & les autres criminels — qui songerait à vous arrêter pour savoir ce que vous voulez faire ?...

On entre donc, étonné d'abord. On croit s'être trompé; on va faire un mouvement de retraite, c'eft une ferme : il y a des poules qui picorent sur un tas de fumier; il y a deux ou trois chèvres blanches qui broutent l'herbe verte ; il y a un brave homme de chien assis sur son arrière-train, regardant philosophiquement courir les nuages, — de bien gros lièvres pour ses vieilles petites pattes; il y a des fleurs, il y a des fruits, — n'y aurait-il pas aussi une étable?... On avance cependant, enhardi par le silence myftérieux & particulier de cette retraite. Ce n'eft décidément pas une ferme : le chien n'aboie pas, le coq ne chante pas, les chèvres ne bêlent pas, le portier & sa famille vont & viennent sans sonner mot, — pour ne pas réveiller ceux qui dorment là d'un si bon sommeil. On avance, & l'on se trouve dans un îlot de verdure, où poussent d'une façon exubérante les chardons, les laitues, les laîches, les bardanes, les graminées, les orchis & les giroflées. Des cyprès, des peupliers, quelques saules & quelques acacias : telles sont les essences d'arbres de cette petite forêt, dont le sol eft jonché de pierres sépulcrales, — sans inscriptions, pour la plupart. Un nom quelquefois, quelquefois une date, le plus souvent rien. C'eſt brutal, mais au moins ce n'eſt pas hypocrite. Des suicidés, vieux & jeunes, qui ont fait leur lit mortuaire de leurs propres mains, y sont couchés, livides, défigurés, horribles, — noyés les uns, pendus les autres, la tête fracassée ceux-ci, la poitrine trouée ceux-là : des vieux qui avaient trop attendu, des jeunes qui n'avaient pas su assez attendre, des fatigués & des impatients, des passés & des futurs, des ambitieux & des rêveurs, des Catons & des Werthers.

C'eſt la partie pittoresque de ce cimetière. Le reſte n'a pas d'herbes, pas d'arbres : il eſt planté de pierres blanches & de croix noires, — plus de croix encore que de pierres; car une pierre, cela coûte encore dans les vingt francs, & une croix de bois ne va que dans les vingt sous. N'oubliez pas que c'eſt le cimetière des gueux & des suppliciés, — des pauvres diables qui meurent à l'hôpital ou sur la place de la Roquette... Si encore une main pieuse & furtive ornait de temps en temps ces pierres & ces croix d'une touffe de romarin ou de myosotis, — le romarin, qui eſt la fleur symbolique des funérailles, — le myosotis, « qui défend d'oublier ? » Mais non, rien, vous dis-je, rien ! Il semble que, par la façon violente dont ils sont sortis de la vie, ceux qui sont là vous défendent, au contraire, de vous souvenir...

On n'y rencontre personne dans la journée. Seul, le fossoyeur — en chemise écrue, tannée comme sa peau qui reluit sous la sueur — trouble du bruit de sa pioche & de sa chanson le silence de ce champ lépreux. C'eſt toujours le tableau de Shakspeare peint par Delacroix. Seulement, ici, le fossoyeur eſt moins cynique en ses propos & plus folichon dans sa chanson, qui eſt de Charles Colmance : il respecte à sa façon les morts, — en outrageant la langue. Je préfère la chanson du fossoyeur de Shakspeare :

> *I loth that I did love*
> *In youth that I thought sweet*
> *As time requires : for my behove*
> *Me thinkes they are not meet.*

(Je hais aujourd'hui ce que j'aimais jadis, — Ce qu'en ma jeunesse je trouvais si doux. — Ainsi le veut la vie ! Pour le profit que j'en ai retiré, — Je ne trouve plus que ce soit là du plaisir...)

Il ajoute :

> *For age with ſteeling ſteps,*
> *Hath clawde me with his clutch,*
> *And luſty youthe awaye he leaps,*
> *As there had been none such.*

(Car l'âge, en venant avec ses impitoyables enjambées, — M'a enlevé dans ses serres aiguës, — Laissant loin derrière ma puissante jeunesse, — Comme si elle n'avait jamais exiſté...)

Il y a longtemps que les hommes la chantent, cette chanson désespérée, dans toutes les langues de la terre :

> « Mon beau printemps & mon eſté
> Ont fait le saut par la feneſtre ;

> Plus ne suis ce que j'ay efté
> Et plus ne voudrais l'eftre... »

En reftant dans ce cimetière jusqu'à la brune, on voit entrer la petite voiture verte de la Morgue ; & souvent, en même temps que celle-là, arrive la voiture des hospices, c'eft-à-dire des amphithéâtres. L'une & l'autre s'en viennent là sans tambour ni trompette, &, en un tour de main & de bras, les serpillères qui contiennent des débris humains sont vidées dans la grande fosse creusée par le fossoyeur ami des chansons de Colmance. Enterrez, enterrez toujours ! chacun reconnaîtra bien les siens au grand jour du jugement dernier !

Au temps de Mercier, cela ne se passait pas ainsi. Le cimetière des suppliciés & des hospices n'était pas à l'endroit qu'il occupe aujourd'hui : il était entre la place Scipion & la rue des Francs-Bourgeois-Saint-Marcel, sur l'emplacement de l'ancien hôtel de Clamart, — d'où l'erreur généralement accréditée que ce Clamart siniftre & le joyeux Clamart campé au pied des bois de Meudon ne font qu'un, au lieu de faire deux. Tous les matins, à quatre heures, un chariot traîné par douze hommes — « avec un prêtre sale & crotté, une cloche & une croix », dit l'auteur du *Tableau de Paris* — partait de l'Hôtel-Dieu. La cloche derlinait & chambrollait à battant que veux-tu, réveillant ainsi sur son passage les plus endormis, qui, une fois réveillés, ne se rendormaient plus, — au grand détriment de leurs femmes. Merveilleux équilibre, n'eft-ce pas ? Ces morts qui s'en allaient à leur dernier gîte, semaient des vivants pour les remplacer & boucher les vides qu'ils venaient de faire momentanément dans la société !

Au dire de Mercier, ce chariot pouvait contenir jusqu'à cinquante corps : on mettait les enfants entre les jambes des adultes; on versait ces cadavres dans une fosse large & profonde; on jetait dessus de la chaux vive, le prêtre bénissait la terre d'alentour, — & tout était dit. Aujourd'hui, ce n'eft plus cela : tous les cimetières de Paris ont un *aumônier des dernières prières,* tous — excepté le Cimetière des suppliciés & des hospices.

Allez-y quelquefois, gens bénévoles qui croyez, avec le docteur Pangloss, que tout eft pour le mieux dans le meilleur des mondes possibles; allez-y, & quand vous en sortirez, vous vous sentirez « tout chose ».

LA BARRIÈRE MONTPARNASSE

Elle était située à l'extrémité de la rue de ce nom, & ornée de deux bâtiments ayant chacun deux péristyles avec colonnes.

Pourquoi son nom? Les historiens ont répété à l'envi l'un de l'autre, — & les frères Lazare après les historiens : « Parce que c'était sur un monticule voisin de cette barrière que les écoliers de l'Université s'assemblaient pour discuter sur la poésie & pour lire leurs ouvrages. » Je le veux bien. En tout cas, cette éminence n'a pas toujours porté ce nom, ainsi que cela résulte du plan de Paris, édité en 1567 par J. Janssonius (avec texte latin sur deux colonnes) qui l'appelle *Mont de la Fronde*, où l'on voit, en effet, des écoliers s'exerçant à lancer l'arme terrible avec laquelle David tua Goliath. Nous voilà bien loin du Pinde & de l'Hélicon.

Mais les habitués de cette barrière s'occupaient peu de ces vétilles. Pour eux, & quelle qu'en fût l'origine, ils venaient à Montparnasse comme ils allaient à Belleville, pour engloutir leurs économies de la semaine dans les tire-lires des cabaretiers de la rue de la Gaieté, qui fait suite à la rue du Mont-Parnasse. Ils y vinrent encore, malgré la suppression de la barrière; ils y viendront toujours, — du moins tant que la rue de la Gaieté sera bordée de cabarets comme les *Deux Edmond*, comme les *Deux Éléphants*, comme une vingtaine d'autres popines dont les enseignes m'échappent, mais qu'ils connaissent très-bien, & où ils sont assurés de rencontrer le *petit bleu* & la gibelotte de leurs rêves.

Le dimanche, surtout, — le saint jour du repos, qu'ils passent à s'éreinter dans des ripailles acharnées, presque toujours suivies de *batteries* non moins acharnées. Et c'est un spectacle qui a son prix pour le flâneur —. désintéressé de l'humanité — que celui de cette foule grouillante, tumultueuse, affamée, assoiffée, en quête de son plaisir dominical. A mesure qu'on approche de la barrière Montparnasse, le bruit de cette marée montante & descendante vous arrive aux oreilles & vous les déchire sans pitié. Le pavé est littéralement inondé de buveurs qui entrent & de mangeurs qui sortent. Partout les tonneaux coulent, les broches tournent, les viandes fument, les cuisines flambent, les casseroles détonent; partout on entend dire aux derniers venus, aux traînards qui veulent prendre leur part de victuaille dans ces hôtelleries de passage, partout on entend dire, comme dans *Macbeth* : « La table eft pleine ! »

Ce qui n'empêche pas la Mort de faire son petit commerce ordinaire au milieu même de cette turbulence de vie. On enterre le dimanche comme les autres jours, — l'Adminiftration des Pompes Funèbres ne fait jamais relâche, — la grande nécropole eft toujours ouverte, dimanches & fêtes, toujours prête à recevoir ses hôtes illuftres ou plébéiens. Souvent l'ivrogne heurte dans sa marche arabesquée le cercueil blanc d'une jeune vierge qu'accompagne une famille en larmes. Souvent de braves époux de la veille — qui vont au hasard, dans cette foule, songeant à leurs belles amours en fleur, rêvant un large avenir, une nombreuse lignée, des poupards roses & blancs comme la mère, forts & bons comme le père — se croisent avec le cercueil d'un petit enfant que personne ne verra plus sourire, dont la place manquera toujours au foyer domeftique, veuf désormais de sa meilleure joie, déshérité désormais de son plus pur bonheur...

Et les bruits de violons & de cornets à pifton des guinguettes voisines, quel étrange effet ils font, mêlés au psalmodiement des prières qu'on jette à quelques pas de là, avec des pelletées de terre, sur des tombes fraîchement creusées ! Il y a quelque chose comme cela au dernier acte de *Lucrèce Borgia* : — « Messeigneurs, vous êtes tous empoisonnés ! » — Et ce qui m'a si souvent impressionné au théâtre, dans le drame de Victor Hugo, m'impressionne souvent aussi dans la rue, quand je vais en noter les accents & en étudier les aspects. Nous n'avons pas la pudeur de la Mort, — pas plus que nous n'avons, du reste, la pudeur de la Vie : nous ne savons ni vivre, ni mourir convenablement. J'ai déjà eu occasion de le dire, je saisis cette occasion de le répéter, — quoique sachant d'avance combien cela est inutile : Troie n'a-t-elle pas été prise, malgré les avertissements prophétiques de Cassandre ?...

Laissons donc *rigoler* le peuple !

LA BARRIÈRE DU MAINE

Je ne sais pas ce qu'on fera des deux bâtiments de Le Doux qui la décorent, ni pourquoi on les a conservés; mais ils tiennent bien de la place, — ainsi qu'on peut s'en assurer en prenant l'omnibus qui, du Chemin du Nord, conduit à l'ancienne barrière du Maine, à l'extrémité de l'avenue du même nom, au point de jonction des anciens boulevards extérieurs.

Comme sa voisine, la Barrière du Maine est célèbre par ses cabarets, — entre autres par la *Californie*, la grande mangeoire populacière; mais, plus que sa voisine, elle a perdu de sa physionomie d'autrefois, — une physionomie assez crapuleuse, il faut l'avouer. Les chansons ne lui ont pas manqué, — des chansons dignes d'elles; mais aujourd'hui elle manque aux chansons en se faisant moins tapageuse & moins avinée. Je n'en conclus pas que le peuple s'eft moralisé depuis une vingtaine d'années, mais seulement que la foule s'eft déplacée.

C'eft à cause de ce qu'elle a été, que Thérond lui a fait les honneurs d'une eau-forte plus intéressante que toute la prose que je pourrais lui consacrer. Ce qui ne vaut pas la peine d'être dit, on le chante; ce qui ne vaut pas la peine d'être écrit, on le dessine.

LA BARRIÈRE DES FOURNEAUX.

C'était une barrière bien trifte & bien délaissée dont, assurément, peu de Parisiens — les charcutiers exceptés — ont connu l'exiftence. Je n'en fais pas plus un crime aux uns qu'un mérite aux autres, qui sont bien forcés de la connaître, puisque c'eft là, à l'extrémité de la rue des Fourneaux, qu'eft l'*Abattoir aux porcs*.

Pourquoi cette appellation ? On l'ignore, — quoiqu'on dise qu'on le sait.—Ce que je puis dire, moi, c'eft que le plan de Rouffel — qui eft de 1731 indique un *Moulin* & une *Tour des Fourneaux* à l'endroit même où depuis exifta la barrière. Avant ce moulin & cette tour était le *Moulin de la Pointe*, à la jonction des rues de Vaugirard & des Tuileries, en face de l'Enfant-Jésus ; après ce moulin & cette tour était une voirie, &, dans le voisinage, le *Moulin de la Charité*, le *Moulin des Cornets*, le *Moulin de Beurre*, illuftré depuis par le cabaret de la mère Saguet, & deux autres moulins sans noms.

Le 6 avril 1794, Condorcet, secrétaire *perpétuel* de l'Académie des sciences, membre de l'Assemblée législative & de la Convention, & l'un des hommes que la France d'alors devait le plus s'honorer d'avoir vus naître, passait, déguisé en ouvrier, par cette barrière des Fourneaux, & gagnait rapidement les champs. Il venait de la rue Servandoni, où il s'était tenu caché depuis le mois de juillet 1793. Une fois dans la plaine, il s'orientait, & sûr de n'être pas suivi, il se dirigeait vers Fontenay-aux-Roses, arrivait rue de Diane & frappait à la porte de l'ancienne maison de Scarron, où demeuraient les époux Suard.

La porte s'ouvrit lentement, car en ces temps troublés on était soupçonneux ; elle s'ouvrit lentement, — & se referma très-vite devant le proscrit. Suard avait peur! Homme, il se refusait à faire pour un autre homme, son collègue & son *ami*, ce qu'une femme avait fait sans hésiter durant une dizaine de mois, & ce qu'elle eût continué de faire si Condorcet, par probité, ne s'y fût opposé. Le sexe faible a parfois plus de vaillance au cœur que le sexe fort.

Condorcet, découragé & encore plus attristé par cet accueil inattendu, reprit sa route à travers champs, à travers bois surtout, — il y a soixante-dix ans, les champs de fraises d'aujourd'hui n'existaient pas encore, & toute cette partie de la banlieue de Paris était boisée, — & il arriva ainsi au milieu de la route de

Chevreuse, où il s'arrêta, ne sachant plus où aller. De la hauteur où il était, il voyait Paris dans sa brume siniſtre que ses pressentiments zébraient de lueurs sanglantes, — Paris où il ne voulait pas revenir, parce qu'il était assuré d'y rencontrer la mort. Derrière lui, à perte de vue, à droite & à gauche de la vieille route, étaient des bois épais où il pouvait bien espérer se cacher pendant quelques jours, mais voilà tout. Et puis les bois, pour un homme habitué au luxe, au comfort, aux aises de la vie, c'était dur, c'était impossible. Comment se nourrir?

Cette queſtion se présentait à son esprit avec d'autant plus d'âpreté, qu'il marchait depuis l'aube, qu'il était tard, & qu'il n'avait pas mangé depuis la veille. Il marcha encore un peu jusqu'à ce qu'ayant découvert un cabaret il y entra résolûment & y demanda une omelette...

Condorcet, en sa qualité de marquis, était de la famille du poëte Santeuil, qui ignorait les détails les plus ordinaires de la vie & qui, si on lui eût demandé quarante écus d'une paire de souliers, les eût payés en se contentant de dire : « Quarante écus une paire de souliers, cela eſt bien cher ! » Non-seulement Condorcet ignorait le prix d'une omelette, mais encore il ne savait pas combien il faut d'œufs pour en faire une. Interrogé par le cabaretier, il répondit, au hasard : « Seize — ou dix-huit. »

Dix-huit œufs pour une omelette deſtinée à une seule personne ! c'était exorbitant, c'était louche, —

surtout à une époque où les moindres actions & les moindres paroles étaient si facilement atteintes & convaincues de ftrabisme. On regarda avec attention Condorcet, & l'on s'aperçut qu'il avait les mains bien blanches & le visage bien diftingué pour un prolétaire, & que le signalement jurait avec le déguisement. Au lieu de lui rédiger l'omelette dont il avait si grand besoin, on rédigea un procès-verbal dont il se fût fort bien passé, & on le conduisit à la prison du diftrict, où, aussitôt qu'il fut seul, il s'empoisonna avec de la ftrychnine (1) que lui avait donnée son ami Cabanis & qu'il portait dans le chaton d'une bague.

(1) Je sais, comme tout le monde, que la strychnine n'a été découverte *officiellement* qu'en 1818 par MM. Pelletier & Caventou. J'affirme cependant, sur la foi des Mémoires du temps, que c'eft bien avec cet alcali végétal, & non avec un autre, que Condorcet s'empoisonna. Est-ce que Cabanis, en sa qualité de médecin physiologifte, ne pouvait pas connaître les propriétés terribles de la noix vomique ?

LA BARRIÈRE DE VAUGIRARD

Celle-là aussi était bien mélancolique & bien abandonnée. Les commis qui y veillaient auraient pu y dormir sans redouter la contrebande. Personne ne songeait à passer par là ; elle ouvrait seulement sur la plaine de Vaugirard, voilà tout. L'herbe poussait entre ses pavés avec une facilité qui témoignait éloquemment du dédain des Parisiens pour cet endroit de Paris, — qu'ils ne connaissaient peut-être pas. L'herbe poussait entre ses pavés, sur sa muraille, sur le toit de ses deux bureaux de perception, & jusque dans la main de ses *gabelous*. Heureux gabelous, — *sua si bona nôrint!* Pouvoir rêver à leur aise toute la sainte & belle journée, & toucher quatre-vingts francs par mois pour la peine, n'était-ce pas trop de bonheur? *O fortunatos!*—qu'ils ne sont plus, puisqu'on a supprimé la barrière de Vaugirard.

Les champs qui l'avoisinent ont été le théâtre d'événements sanglants, autrefois, il y a bien longtemps, dans les premiers jours de Lutèce. Qui s'en douterait, à voir la tranquillité, le calme, le sourire de cette vafte plaine où pouffent les betteraves & les carrières? Qui se douterait qu'il y a dix-huit siècles les Gaulois — ces héroïques Gaulois dont on ne dirait pas que nous sommes les fils — ont été taillés en pièces dans cette plaine par les légions romaines, commandées par Labiénus, le lieutenant de César? Le vieux Camulogène les commandait : il périt au milieu de la mêlée avec les trois quarts de son armée, car cette mêlée fut chaude ! Les Gaulois étaient pleins de courage, mais les légions romaines avaient l'avantage du nombre & des talents militaires : la cavalerie de Labiénus faucha la petite armée de Camulogène, & ce qui reftait fut poursuivi jusque sur les hauteurs des bois voisins, de Meudon sans doute....

A cause de ce souvenir — qui me fait aimer Camulogène & haïr César — la barrière de Vaugirard m'eft chère.

LA BARRIÈRE DE SÈVRES

Des deux bâtiments dont l'architecte Le Doux l'avait ornée, un seul subsiste & sert aujourd'hui de poste de police. Ses quatre faces sont pareilles : un porche formé de trois arcades sur colonnes géminées, & terminé par un étage en attique éclairé par trois mezzanines ; la face qui regarde la rue de Sèvres a, de plus que les autres, un petit perron qui donne accès dans le bâtiment. C'est laid, mais solide : les sergents de ville pourraient être plus mal logés.

La barrière de Sèvres a eu quelque célébrité jadis,— la célébrité de la barrière du Maine. Elle est un peu morne aujourd'hui, malgré les cabarets qui essayent d'y ramener la foule, le dimanche & le lundi. D'ailleurs, ces cabarets eux-mêmes ont perdu de leur ancienne splendeur, & je crois que les plus fameux, le *Petit-Bercy* & la *Ville de Tonnerre*, sont fermés.

Seul, Ragache persiste, tout en changeant souvent de propriétaires; on continue à y faire noces & festins comme par le passé, — des repas de corps, & spécialement des banquets typographiques.

Ma mémoire ne me fournit rien d'intéressant à ajouter à propos de cette barrière, dont le seul mérite est d'être dans le voisinage du puits artésien, foré par l'ingénieur Mulot au milieu de la cour de l'abattoir de Grenelle.

LA BARRIÈRE DES PAILLASSONS

Quelque envie que j'aie d'en dire plus long sur cette barrière que sur la précédente, & malgré toutes mes recherches pour trouver trace d'un événement qui s'y rapportât de près ou de loin, je n'ai rien trouvé, je n'ai rien à dire, sinon qu'elle était située à l'extrémité de la rue Pérignon, en face la rue Saint-Fiacre, & qu'elle était fermée depuis longtemps déjà lorsqu'arriva sa suppression officielle.

Cela n'étonnera pas mes lecteurs, je pense. Ils savent aussi bien que moi qu'il en eſt de l'hiſtoire des Barrières de Paris comme de celle des Rois de France : pour un monarque de quelque valeur, il y en a dix de parfaitement insignifiants, — pour un Louis XI, dix Childebert, pour un roi « vaillant », dix princes « fainéants ». La barrière des Paillassons était une barrière fainéante ; pour lui découvrir le moindre mérite il faudrait être aussi courtisan que le maréchal de Villeroi, gouverneur de Louis XIV, lequel disait : « Quelque miniftre qui vienne en place, je déclare d'avance que je suis son serviteur, son ami & même un peu son parent (1). » A moins qu'on ne soit disposé à tenir compte à la barrière des Paillassons de l'assiduité que mettaient à venir s'y promener quelques braves pensionnaires de l'Hôtel royal des Invalides, amis du soleil & de la solitude, — comme des lézards écloppés.

Quant à son nom — que seraient disposés à mal interpréter les lecteurs de mon *Dictionnaire de la langue verte* — je m'empresse de déclarer qu'il lui était venu purement & simplement d'une fabrique de paillassons du voisinage. Une fabrique de tuiles a bien donné son nom au palais de nos modernes pharaons. !

(1) Les exemples de courtisanerie se pressent en foule sous ma plume. Je n'en veux citer qu'un encore, celui de Clermont-Tonnerre, évêque de Noyon, « si glorieux & si bas, dit Duclos, qu'il fonda un prix à l'Académie pour célébrer à *perpétuité* les vertus de Louis XIV, comme un sujet inépuisable. »

LA BARRIÈRE DE L'ÉCOLE MILITAIRE

Elle était située à l'extrémité de l'avenue Lowendal, à la rencontre des rues de l'École & Croix-Nivert & des boulevards de Sèvres & de Grenelle. Son animation d'autrefois, elle ne l'a pas perdue comme la plupart des barrières, parce qu'elle a forcément, fatalement la même population, qui lui eft fournie par l'École-Militaire, sa voisine, — dragons & fantassins mêlés. C'eft même pour cette population spéciale & nombreuse qu'on a autorisé, dans les environs, l'établissement de petites maisons myftérieuses du genre de celles auxquelles j'ai fait une rapide allusion à propos de la barrière du Trône. L'éternelle hiftoire de Mars & de Vénus, des myrtes & des lauriers!

L'École-Militaire, où ont été casernés tour à tour tant de régiments de tant d'armes différentes, eft une création de Louis XV, qui en voulait faire une pépinière d'officiers, comme l'indique son nom. En 1787, Louis XVI la supprimait & deſtinait ce vaſte édifice à remplacer l'Hôtel-Dieu, jugé avec raison insuffisant & insalubre. L'idée était bonne, humaine, digne d'un roi père de ses sujets plutôt que leur bourreau, berger plutôt que boucher : à cause de cela sans doute il n'y fut pas donné suite, & l'École-Militaire devint ce qu'elle eſt aujourd'hui, une caserne, une grande & belle caserne, — si tant eſt que les casernes puissent être jamais belles.

Toutes les fois que je passe devant la grille de l'avenue Lowendal, je m'arrête un inſtant pour contempler ce va-&-vient de soldats dans les cours immenses, ce remue-ménage d'armes reluisantes, & je me dis : « De tous ces hommes pleins de force, de santé, de vie, combien reverront le clocher natal ? La guerre en tuera la moitié, & l'autre moitié, rouillée par l'oisiveté des camps, ne saura plus ou ne voudra plus manier la charrue nourricière... Quels bras alors feront pousser le blé ?... »

Mais à quoi vais-je rêver-là ! Français, succès, — guerriers, lauriers, — gloire, victoire : cela suffit, le reſte eſt vain.

LA BARRIÈRE DE LA MOTTE-PICQUET

Ouverte en 1840 à l'extrémité de l'avenue du même nom, au point de jonction des boulevards de Meudon & de Grenelle, elle se composait de deux pavillons conftruits sur les dessins de M. Jay, architecte. La nécessité de cette barrière n'était pas très-clairement démontrée; on s'en était passé pendant cinquante ans, on s'en serait passé pendant soixante-dix ans. Mais il y avait une grille d'entrée au Champ de Mars, en avant de l'École-Militaire & parallèlement à l'avenue de la Bourdonnaye : il fallait bien une grille de sortie de l'autre côté, parallèlement à l'avenue de Suffren.

Suffren, la Bourdonnaye, la Motte-Picquet, Dupleix, ces noms, qui servent d'étiquettes aux voies de communication de ce quartier essentiellement militaire, évoquent de grands souvenirs. Qui n'a entendu parler de M. de la Bourdonnaye, du bailli de Suffren & de ce pauvre Dupleix, gouverneur de Pondichéry ? Quant à Toussaint-Guillaume Picquet de la Motte, ou de la Mothe-Piquet, il mérite quelques lignes de plus que les autres, d'abord parce qu'il a servi de parrain à la barrière qui nous occupe présentement, ensuite parce qu'il a une importance hiftorique plus grande.

Né à Rennes en 1720, entré au service à quinze ans, il avait déjà fait neuf campagnes navales en 1745. Au commencement de la guerre d'Amérique, il était chef d'escadre. En 1778, au combat d'Oueffant, il montait le *Saint-Esprit* & combattait avec avantage contre des forces dix fois supérieures. Ensuite il croisait sur les côtes d'Angleterre avec dix vaiffeaux & rentrait un mois après dans le port de Breft avec treize prises faites sur l'ennemi. En 1779, il rejoignait le comte d'Eftaing & contribuait à la prise de Grenade, ainsi qu'à la victoire remportée à la fin de juin sur le vice-amiral Byron. Mais son titre de gloire le plus précieux, c'eft le combat de Fort-Royal (18 décembre 1779), où sur l'*Annibal*, & aidé du *Vengeur* & du *Réfléchi*, il tint tête pendant quatre heures à une flotte anglaise de quinze vaiffeaux. Cela lui valut, dès le lendemain, les félicitations mêmes de l'amiral ennemi Parker, & quelque temps après le cordon rouge de Sa Majefté. Il y a du Surcouf dans la légende de la Motte-Picquet.

LA BARRIÈRE DE GRENELLE

Elle était située à l'extrémité de la rue Dupleix, à deux pas de la barrière de la Motte-Picquet, & l'une des deux au moins était inutile. Sa décoration à la Le Doux confiftait en deux bâtiments avec périftyle à pilaftres carrés, d'un effet médiocre. En 1792, elle s'était appelée *Barrière des Ministres*, je ne sais déjà plus pourquoi. Son autre nom, elle le devait au territoire sur lequel on l'avait élevée, le village de Grenelle, — une plaine où avaient lieu, sous l'Empire & sous la Reftauration, les exécutions militaires. La plaine se peuple chaque jour, les maisons l'envahissent, & je doute qu'on y retrouvât le petit coin de terre inculte & désolée où tombèrent Mallet, Labédoyère & tant d'autres porte-uniformes, avant eux & après eux. Encore moins retrouverait-on les trois piliers indiqués sur la feuille VII du plan de Jouvin de Roche-

16.

fort, de 1690, comme ceux du *Gibet de Grenelle*.

Dans le voisinage de cette barrière — là où l'on a établi depuis une fabrique de noir animal — était une poudrière qui, en 1814, renfermait trois cent mille quintaux de poudre en barils, cinq millions de cartouches d'infanterie, vingt-cinq mille cartouches à boulet & trois mille obus chargés. Après la capitulation de Paris, & dans le but de rendre Napoléon odieux aux Parisiens, on avait prétendu qu'en fuyant il avait donné l'ordre de mettre le feu aux poudres, afin que les armées alliées ne trouvassent plus que des ruines là où elles comptaient trouver la plus riche & la plus belle des capitales de l'Europe. Cette calomnie avait fait son chemin dans les esprits crédules, & l'Empereur était parti pour l'île d'Elbe chargé de l'exécration des bourgeois, menacés par lui dans leurs plus chers intérêts, — dans leurs moellons. Il y a même encore aujourd'hui des gens, fort peu propriétaires pourtant, qui en veulent à Napoléon de cette pensée sauvage — qu'il n'a jamais eue. Vous auriez beau leur dire qu'en effet, avant de partir, Napoléon avait donné un ordre concernant la poudrière de Grenelle, mais que ce n'avait pas été d'y mettre le feu, afin de faire sauter la moitié de Paris; que ç'avait été, au contraire, de faire noyer ses munitions, afin qu'elles ne tombassent pas entre les mains de l'ennemi; vous auriez beau leur dire cela & le prouver par un procès-verbal en règle, conſtatant que, dans la nuit du 30 au 31 mars, barils de poudre, cartouches, obus, biscaïens furent jetés en Seine par un détachement de pompiers, sous la surveillance des généraux d'Aboville & Caron, ces gens crédules ne vous croiraient pas, parce que les calomnies, une fois semées dans l'esprit des sots, y poussent des racines si profondes qu'on ne saurait les en arracher. L'Humanité n'eſt pas seulement bête, elle eſt méchante, — puisqu'elle accueille plus volontiers les mauvaises nouvelles que les bonnes, puisqu'elle donne plus de créance aux bruits déshonorants qu'aux bruits honorables, puisqu'elle se réjouit plus des chutes que des ascensions !...

Où l'Humanité se réhabilite un peu, cependant, c'eſt au Champ de Mars, le voisin immédiat de la barrière de Grenelle, — une vaſte plaine aussi, mais peuplée de souvenirs.

Le premier que je veuille citer & que je cite avec empressement, c'eſt le 14 juillet 1790, une date précieuse de l'hiſtoire de la Révolution, — & même de l'hiſtoire de l'Humanité, car elle prouve éloquemment de quelle façon & à quelles profondeurs peut être remué le cœur d'une nation réputée frivole. Je regrette que l'espace me manque ici pour raconter, non pas la *Fête de la Fédération,* mais les préparatifs de cette fête, c'eſt-à-dire Paris entier transformé en armée de terrassiers. Les douze mille ouvriers payés pour creuser & aplanir le Champ de Mars, bossué, mamelonné, étriqué, ne suffisant pas à cette besogne énorme, les diſtricts avaient invité les bons citoyens, au nom de la Patrie, à venir les aider, & deux cent mille citoyens avaient répondu avec enthousiasme à cet appel. Deux cent mille terrassiers composés de gens de lettres & d'artiftes, de moines & de collégiens, d'étudiants & de paysans, — sans oublier les femmes, honnêtes ou non, ouvrières & modiftes, actrices & bourgeoises, dames de la halle & dames de la cour! « On voyait, attelés au même chariot, une bénédictine, un invalide, un juge, une nymphe de l'Opéra; les plus jolies filles de Paris, vêtues de robes blanches élégamment rattachées par des ceintures & des rubans aux couleurs nationales, allaient, venaient, chargeaient, piochaient, roulaient, traînaient, &, à l'aide de quelques aides officieux, arrivaient au haut du talus, d'où elles redescendaient avec rapidité pour charger de nouveaux matériaux & de nouvelles terres. En vingt jours, la surface irrégulière du Champ de Mars fut aplanie; une enceinte circulaire établie & entourée de talus; un arc de triomphe élevé à l'entrée principale; un pont de bateaux jeté sur la Seine, & un vafte amphithéâtre adossé à l'École-Militaire. »

Le 14 juillet, dès sept heures du matin, deux cent mille spectateurs attendaient au Champ-de-Mars, ainsi transformé, les acteurs de la fête nationale, c'eft-à-dire les représentants de la Commune, les présidents des soixante-dix diftricts, les députés de la Commune pour la Fédération, les soixante administrateurs de la Municipalité, les députés des troupes de ligne, les députés de la marine, les députés des quatre-vingt-trois départements, etc., etc. A trois heures

& demie, l'évêque d'Autun, assisté de soixante aumôniers de la garde nationale, officia & bénit les drapeaux. Puis la Fayette jura d'être à jamais fidèle à la Nation, à la Loi & au Roi ; les Fédérés jurèrent après lui ; l'Assemblée nationale jura après les Fédérés, & le Roi après l'Assemblée nationale. On s'embrassa avec effusion, on pleura des larmes de bonheur, on illumina, on dansa, on but pendant toute la soirée & jusqu'au lendemain. La France était devenue subitement une Arcadie !

Le 20 septembre 1791, autre fête, également mémorable, à l'occasion de l'acceptation & pour la publication de l'Acte Constitutionnel. Bailly, précédé de hérauts d'armes & environné d'un corps de grenadiers, montait sur l'autel de la Patrie, y élevait & offrait au respect du peuple le Code constitutionnel. Un orchestre nombreux exécutait cette strophe du *Samson* de Voltaire, mise en musique par Gossec :

« Peuple, éveille-toi, romps tes fers,
Remonte à ta grandeur première :
  La liberté t'appelle !
Peuple fier, tu naquis pour elle,
Peuple, éveille-toi, romps tes fers,
. . . .
  L'affreux esclavage
  Flétrit le courage,
  Mais la Liberté
Relève sa grandeur & nourrit sa fierté.
  Liberté ! liberté ! liberté !... »

Les vers sont mauvais, mais l'intention était bonne.

Le 15 avril 1792, autre fête, — celle des quarante Suisses de Château-Vieux, condamnés aux galères pour la révolte des troupes de Nancy & qui avaient été amniftiés.

Le 10 août 1793, autre fête, — celle de l'acceptation de la Conftitution républicaine.

Le 8 juin 1794, autre fête, — celle de l'Être Suprême, une imagination de Robespierre qui se refusait à croire en Dieu pour croire à la Divinité.

Puis d'autres fêtes encore : la diftribution des aigles à l'armée par Napoléon, le 10 novembre 1804; la distribution des lys à la garde nationale par Louis XVIII, le 7 septembre 1814, etc., etc.

Malheureusement, toute médaille brillante à son revers : en regard de cette joie, il faut placer un deuil, — le *Massacre du Champ de Mars* du 17 juillet 1792, où le drapeau rouge fit ce fameux tour dont a parlé M. de Lamartine, & l'accident du 15 juin 1837, où un grand nombre de personnes périrent étouffées.

Champ de Mars, Champ de Mai, Champ de Course : des soldats, des chevaux, des revues, des solennités, — tout ce qu'il faut enfin pour amuser le peuple le plus enfant de la terre. Cela dure depuis longtemps, cela durera longtemps encore !

LA BARRIÈRE DE LA CUNETTE

C'eſt la dernière, mais ce n'eſt pas la moins intéressante. Elle était située à l'extrémité du quai de la Grenouillère — transformé depuis en quai d'Orsay, — à l'endroit où finit aujourd'hui l'île des Cygnes, en face de la barrière de Passy, par laquelle nous avons commencé cette revue rétrospective. Elle se composait d'un seul bâtiment à deux arcades, avec colonnes & frontons. Une *cunette,* ou fossé de fortification, ménagée jadis en cet endroit, lui avait valu son nom, ignoré des Parisiens, — peu soucieux de leur propre hiſtoire.

Et puis, où menait-elle, cette barrière? Quand on sortait de Paris par là, on risquait fort de s'égarer dans un désert, celui de la plaine de Grenelle, sans espérance d'y rencontrer la moindre oasis, — c'est-à-dire le moindre cabaret. Pour cela il aurait fallu aller jusqu'au bas Meudon, chez Dupré ou chez Contésenne, & c'eſt loin! Tandis qu'à la barrière du Maine, ou à la barrière de Belleville, ou à la barrière de la Villette, on n'avait que l'embarras du choix. La foule eſt moutonnière. Si quelque Ramponeau ou quelque Desnoyers eût mis à la mode la barrière de la Cunette, on s'y porterait encore avec empressement fêtes & dimanches.

L'endroit en valait la peine. A partir de là, en effet, la Seine coule tranquille & majeſtueuse, comme un fleuve qui n'eſt pas pressé d'arriver & qui sait qu'il arrivera toujours assez tôt. A partir de là, ses rives sont charmantes & plus pittoresques qu'en amont, où elles sont bordées d'autant de monuments que la Tamise depuis London-Bridge jusqu'à Greenwich. La Seine n'a plus là de corset de pierre pour contenir ses robuſtes flots, &, n'étant plus gênée, elle n'eſt plus grondeuse. Elle s'eſt affranchie, elle va maintenant à sa fantaisie & ne craint pas de faire l'école buissonnière, respeɐant les minuscules Atlantides qui poussent sur son chemin, & caressant nonchalamment de ses vagues apaisées les grèves verdoyantes qui lui font cortége jusqu'à la mer, — où elles se disent un éternel adieu.

La première de ces Atlantides eſt *l'île des Cygnes*, formée autrefois de deux îles, *l'île des Vaches* & *l'île des Treilles*, réunies plus tard en une seule, dite *l'île Maquerelle*, & qui commençait à peu près à la hauteur de la manufaɐure des tabacs pour ne finir qu'à deux kilomètres en aval du Champ de Mars. On ne la reconnaîtrait pas aujourd'hui dans cette langue de terre, dite *Allée des Cygnes*, qui commence au pont de Grenelle & ne peut même pas aller jusqu'au pont d'Iéna.

C'eft dans les brouſſailles aquatiques de cette île qu'au lendemain de la Saint-Barthélemy des centaines de cadavres de proteſtants s'accrochèrent, rejetés par les flots indignés, comme une muette mais éloquente proteſtation contre les massacreurs catholiques. Cela eſt conſtaté par un compte de l'hôtel de ville : « Des charrettes chargées de corps morts de damoiselles, femmes, filles, hommes & enfants, furent menées & déchargées à la rivière. Ces cadavres s'arrêtèrent partie à la petite île du Louvre, partie à celle Maquerelle, ce qui mit dans la nécessité de les tirer de l'eau & de les enterrer pour éviter l'infeĉtion. » Le même compte de l'hôtel de ville dit encore : « Aux fossoyeurs des Saints-Innocents, vingt livres à eux ordonnées par le prévôt des marchands & échevins, par leur mandement du 13 septembre 1572, pour avoir enterré depuis huit jours mille cent corps morts, ez environs de Saint-Cloud, Auteuil & Chailliau. » Il y a un pareil mandement du 9 septembre pour quinze livres données à-compte aux mêmes fossoyeurs.

C'eſt dans les mêmes brouſſailles qu'au lendemain du 9 Thermidor, Jean-Baptiſte Coffinhal vint se cacher pour échapper à l'échafaud, où, en sa qualité de vice-président du tribunal révolutionnaire, il avait envoyé lui-même tant de victimes. Coffinhal était un de ces patriotes farouches, plus républicains que la République, qui croient de leur devoir de faire tomber toutes les têtes qui dépassent le niveau commun, résignés du refte à sacrifier aussi celles de leurs amis & la leur propre. Un enthousiafte, ce Coffinhal, un fanatique! Ne s'était-il pas opposé au sursis de quinze jours demandé par Lavoisier pour mettre la dernière main à une découverte qu'il croyait utile, en s'écriant : « La République n'a pas besoin de chimiftes! » Une cruauté bête qu'on a de la peine à pardonner à cet homme, malgré l'excuse qu'on lui trouve dans l'ardeur de son fanatisme, malgré aussi son honnêteté réelle, inattaquée jusqu'ici.

Coffinhal était parvenu à s'ouvrir un passage à travers les sections armées, &, après avoir erré quelque temps à l'aventure, il avait pu gagner l'île des Cygnes sans être arrêté ni suivi. Malheureusement, cette île offrait encore moins de ressources que celle de Robinson, &, en outre, on y était moins en sûreté. Pendant quelques jours, ce naufragé politique fit ce qu'il put pour ne pas mourir de faim en mangeant de l'herbe; puis ce régime, trop exclusivement végétal, l'affaibliffant au lieu de le nourrir, il songea à aller demander le pain & le sel à un ami à qui il avait rendu jadis d'importants services. Les services ne s'oublient jamais, — pas plus que les humiliations ; plus ils sont grands, plus on trouve de volupté à s'en venger : l'ami auquel Coffinhal s'adressa n'eut rien de plus pressé que de le livrer à la gendarmerie. Voilà comment on entendait l'amitié, à cette époque-là !

Une fois livré, Coffinhal était perdu, puisqu'il était hors la loi par le décret du 9 Thermidor. On n'eut qu'à conftater son identité pour l'envoyer rejoindre Robespierre, Saint-Juft & les autres.

APPENDICE

J'ai fait l'hiſtoire des Barrières parisiennes, — mais seulement des Barrières de 1786, supprimées le 1ᵉʳ janvier 1860. Il eſt bien entendu qu'il y en avait d'autres avant celles-là, & à d'autres endroits, sans mur d'enceinte & sans monuments, ainsi que je crois l'avoir dit ou laissé deviner dans mon *Coup d'œil rétrospectif sur Paris*. Les lecteurs que cela intéresse me sauront gré de leur en donner la liſte, avec la désignation de l'emplacement qu'elles occupaient.

Barrières par eau, ou Pataches

Barrière du port de la Conférence, vis-à-vis les Invalides.

Barrière de la Rapée, à la Rapée.

Barrière du port Saint-Paul, devant le port du même nom.

Barrière du port Saint-Nicolas, en face dudit port.

Barrières par terre

Barrière des Anglaises, derrière le couvent de ce nom, au faubourg Saint-Marceau.

Barrière Sainte-Anne, à l'extrémité de la rue Poissonnière.

Barrière d'Antin, à l'extrémité de la Chaussée-d'Antin.

Barrière Saint-Antoine, à l'entrée du faubourg du même nom.

Barrière Saint-Bernard, à l'extrémité du quai du même nom.

Barrière Blanche, près la rue Saint-Lazare.

Barrière des Carmes, à l'extrémité de la rue de Vaugirard, — qui n'allait pas alors aussi loin qu'aujourd'hui.

Barrière de Chaillot, du côté du Roule.

Barrière des Champs-Elysées, à la grille même.

Barrière de Charonne, à l'extrémité de la rue du même nom.

Barrière des Chartreux, à la hauteur de la rue de la Bourbe, — aujourd'hui rue de Port-Royal.

Barrière de Clamart, à la Croix-de-Clamart, près le Marché-aux-Chevaux.

Barrière de Clichy, à l'extrémité de la rue de Courcelles.

Barrière de la Conférence, à l'extrémité du Cours-la-Reine.

Barrière de la Courtille, à l'extrémité de la rue du Faubourg-du-Temple, — qui s'arrêtait alors à la hauteur du canal.

Barrière de la Croix-Faubin, dans le faubourg Saint-Antoine.

Barrière Saint-Denis, à l'extrémité de la rue du faubourg de ce nom, — qui n'allait pas alors aussi loin qu'aujourd'hui.

Barrière Saint-Dominique, à l'extrémité de la rue du même nom.

Barrière de la Folie-Regnault, dans le faubourg Saint-Antoine.

Barrière Saint-Germain, derrière le palais Bourbon, près l'Esplanade des Invalides.

Barrière des Gobelins, devant l'établissement de ce nom.

Barrière de Grenelle, à l'extrémité de la rue de ce nom.

Barrière Saint-Honoré, à l'extrémité de la rue du faubourg du même nom, — qui n'allait pas alors aussi loin qu'aujourd'hui.

Barrière de l'Hôpital, à la hauteur de la Salpêtrière.

Barrière Saint-Jacques, à l'extrémité du faubourg du même nom, — qui finissait alors à l'endroit où il commence aujourd'hui.

Barrière du Jardin-du-Roi, à l'extrémité de la rue de ce nom, à peu près à la hauteur de la rue Fer-à-Moulin.

Barrière Saint-Laurent, à l'extrémité de la rue du faubourg de ce nom.

Barrière Saint-Lazare, à l'extrémité du faubourg de ce nom.

Barrière de Lourcine, vers le milieu de la rue de ce nom.

Barrière Saint-Marcel, à l'extrémité de la rue des Fossés-Saint-Marcel.

Barrière Saint-Martin, à l'extrémité de la rue du faubourg du même nom, — qui n'allait pas alors aussi loin qu'aujourd'hui.

Barrière du Marché-aux-Chevaux, vers le milieu de la rue de Poliveau.

Barrière de Ménilmontant, à l'extrémité de la rue du chemin de ce nom.

Barrière Saint-Michel, à l'extrémité du faubourg du même nom.

Barrière de Montmartre, à l'extrémité de la rue du faubourg du même nom.

Barrière de Montreuil, à l'extrémité de la rue du même nom, — qui n'allait pas alors aussi loin qu'aujourd'hui.

Barrière de Monceaux, à l'extrémité de la rue du même nom.

Barrière Notre-Dame-des-Champs, à l'extrémité de la rue du même nom.

Barrière de Picpus, à l'extrémité de la rue du faubourg Saint-Antoine.

Barrière Plumet, à l'extrémité de la rue de Babylone.

Barrière de la Pologne, à l'extrémité de la Chaussée-d'Antin & de la rue Saint-Lazare.

Barrière des Porcherons, à l'extrémité de la rue du même nom, près celle des Martyrs.

Barrière des Poules, à l'extrémité de la rue de Charenton.

Barrière de la Rapée, au bout des fossés de la Baſtille.

Barrière de Reuilly, à l'extrémité de la rue de ce nom.

Barrière La Rochefoucauld, à la Nouvelle-France.

Barrière de la Roulette, à l'extrémité de la rue des Brodeurs.

Barrière du Roule, à l'extrémité de la rue du faubourg du même nom, — qui n'allait pas alors aussi loin qu'aujourd'hui.

Barrière de Sève, à l'extrémité de la rue du même nom, — aujourd'hui rue de *Sèvres*.

Barrière du Temple, à l'entrée de la rue du Faubourg-du-Temple.

Barrière de Varenne, à l'extrémité de la rue du même nom.

Barrière de Vaugirard, à l'extrémité de la rue des Vieilles-Tuileries, près du boulevard.

Barrière de la Ville-l'Évêque, à l'extrémité de la rue de l'Arcade, dans le faubourg Saint-Honoré.

Fin.

TABLE DES MATIÈRES

	PAGES.
Dédicace..	1
Coup d'œil rétrospectif sur Paris.	3
La barrière des Amandiers.	165
La barrière d'Aunay.	169
La barrière de Belleville.	145
La barrière de Bercy.	205
La barrière Blanche.	91
La barrière de la Boyauderie.	129
La barrière de la Chapelle..	121
La barrière de Charenton..	201
La barrière de la Chopinette.	141
La barrière de Clichy..	85
La barrière du Combat.	135
La barrière de Courcelles.	66
La barrière Croulebarbe.	231
La barrière de la Cunette.	287
La barrière des Deux-Moulins.	221
La barrière de l'École-Militaire.	277
La barrière d'Enfer..	245

Table des Matières

	PAGES.
La barrière de l'Étoile.	51
La barrière de Fontainebleau.	225
La barrière de Fontarabie.	177
La barrière des Fourneaux.	267
La barrière Franklin.	29
La barrière de la Gare.	215
La barrière de la Glacière.	241
La barrière de Grenelle.	281
La barrière d'Iéna.	39
La barrière de Longchamp.	41
La barrière du Maine.	265
La barrière des Martyrs.	99
La barrière de Ménilmontant.	157
La barrière de Monceau.	79
La barrière Montparnasse.	261
La barrière de Montreuil.	181
La barrière de Montrouge.	253
La barrière de la Motte-Picquet.	279
La barrière des Paillassons.	275
La barrière de Passy.	17
La barrière de Picpus.	195
La barrière Pigalle.	95
La barrière Poissonnière.	107
La barrière de la Rapée.	211
La barrière des Rats.	175
La barrière de la Réforme	83
La barrière des Réservoirs.	49
La barrière de Reuilly.	199
La barrière de Riom.	153
La barrière Rochechouart.	105
La barrière de la Roquette.	171
La barrière de la Rotonde de Chartres.	67
La barrière du Roule.	61
La barrière Saint-Jacques.	244

	PAGES.
La barrière de Saint-Mandé................	193
La barrière Sainte-Marie..................	35
La barrière de la Santé...................	243
La barrière de Sèvres....................	273
La barrière des Trois-Couronnes............	155
La barrière du Trône....................	187
La barrière de Vaugirard..................	271
La barrière des Vertus...................	111
Les barrières de la Villette & de Pantin........	113
Appendice...........................	293

FIN DE LA TABLE

www.ingramcontent.com/pod-product-compliance
Lightning Source LLC
Chambersburg PA
CBHW071124160426
43196CB00011B/1800